おじいちゃんの「わが闘争」

中條高德

致知出版社

はじめに

筆者の原稿に目を通した瞬間に、藤尾社長（致知出版社）は『おじいちゃんの「わが闘争」』とこの本の題名が頭に浮かんだという。

いささか勇ましすぎ、ヒトラーを想起する人がいるかもしれない。私はすぐ納得した。人生は戦いなりともいう。子どもの時から「戦争ごっこ」のガキ大将だった。若くして戦争請負人を任ずる陸軍士官学校に学んだ。

戦い敗れて野《や》に下《くだ》った。官の最右翼にあってむごいばかりの挫折の体験をした。任を果たし得ないのを一死もって詫びるとて自決していった先輩たちの〝いのちの戦い〟を具《つぶさ》に見てもきた。得難い戦いの体験であった。

草莽《そうもう》に生きようと旧制松本高校に進んだ。

ここにも敗戦による人生の戦いが待ち構えていた。ＧＨＱからの追放令である。当時の木村秀夫校長やドイツ語の丸山武夫教授がいなかったら今日の私はない。両先生との邂逅《かいこう》には筆者の意志は働いていない。まさに天運である。戦いには兵法の説くように天の時が作動する。追放解除後、体験した旧制高校は陸士とまさに正反対の教育環境であった。

その頃、理科の生徒であった北杜夫（斎藤宗吉）の『どくとるマンボウ』シリーズに当時の生活振りが見事に描き出されている。

教育民主化という占領軍の旗印によって旧制高校は消滅の運命をたどる。占領下のため、過激なことは許されないが、創立三十年祭にこと寄せて旧制高校の葬儀委員長を務める思いで最後の文化祭をやった。全国の卒業生に呼びかけた筆者の挨拶状が残っているが、占領軍への心の挑戦の思いが行間にあふれている。

陸士の同期生は、共に戦い、共に死を誓い合った仲間だけに一生の心の友が多い。その中でも同じ隊の小西弘君は同期生ながら先生と常に呼ぶくらい尊い戦友だ。

松本高校では厚生大臣や防衛庁長官など歴任した宮下創平君との仲が深く、後援会長を長く務めてきた。

半世紀にわたるアサヒビールの時代こそ商《あきな》いの厳しい戦いの連続であった。営業本部長に就いてからの筆者の生きざまは、まさに表題のごとく「わが闘争」の連続であった。

その中で、切ないくらい苦しかったのは人員整理であった。アサヒ再生の成功は、労働組合の論理を超越して会社蘇生にすべてをかけてくれた水谷委員長はじめ幹部諸君の深い理解と強い指導力があったればこそである。

昭和四十六年、高橋吉隆氏が社長就任してから住銀からの社長が続いた。好んで来られた人は一人もいないと思う。助っ人に感謝することこそあれ、一点の疑念を抱いてはならない。だが現実は、社員にとっては占領軍のような感触であったことは否めない。関西相互銀行事件の時など現場の支店長から住銀追放の血判書がきた。

住銀に感謝し、かつ、反面社員の気持ちを忖度《そんたく》し、住銀から企業防衛にあたるという二律背反の指揮をとらざるを得なかった。

京都の十全会事件で旭化成に大量のアサヒ株を持っていただいた。企業の安定も進み、いただく応援も熱烈を極めた。筆者も延岡には何度も訪問した。応援の窓口責任者が山口信夫さん（日本商工会議所会頭）だった。この配材を神に感謝した。陸士の先輩というだけで心を許してしまうのだ。当時の宮崎輝社長と住銀との裏話（アサヒ吸収など）は亀岡会長（住銀副頭取から）も信頼する山口さんもいまだ何も話してくれていない。もう少し時の経過が必要のようだ。そのような厳しい環境で最も苦しく切なくさえあったのは、社員の裏切り行為であった。酒屋さんを使ってまで筆者の追放を社長に訴える輩がいたのだ。獅子身中の虫である。その卑しい品性が堪らない。最も悲しむべきつらい戦いである。

村井社長がその真相のすべてを伝えてくれた。幕藩体制ではこのようなことが日常茶飯事であった。戦いとは、天の時、人の和、地の利、すべてが揃《そろ》わなければ勝てない。

筆者も戦いたたかって喜寿を越えた。

ひたむきに天運に感謝し、お世話になった方々への謝恩と、共に戦った戦友たちに思いを致し、結願として早朝の靖国神社、弥生廟のお参りが続いていくであろう。

かえりみると、一所懸命戦って生き抜いてきたが、間違いだらけの人生でもあった。

でも有り難い、もったいないような人生でもあった。これからは生を享《う》けたこの日本の国が、世界から尊敬されるような国づくりに精進しようと考えている。これからの地球上に平和が全うされるには、日本古来の「和」の心こそが必要であろう。その心のたたかいに挑んでいく覚悟である。おじいちゃんの「わが闘争」はまだ続く。

平成十六年十月

中條　高德

おじいちゃんの「わが闘争」◉目次

第三章　老いの役割

装幀◉川上成夫
装画◉プルミエール
編集協力◉柏木孝之

プロローグ　我、平成の空海たらんとす

平成十六年の四月に、上野の国立博物館で「空海と高野山展」が開かれた。高野山と吉野山、熊野などの一帯が、この度「世界遺産」に指定されたことを記念しての催しであった。正面入口には写真のような大きな空海の像が飾られた。筆者自身、前々から空海さんの像や写真を見る度によく似ているとは思っていたが、さすがに他人には言わなかった。ところが、この展覧会に行った佐竹章夫さん（日本ポール創業者・社長兼会長）が空海の像を見た瞬間、「あっ中條さんだ」と直感されたそうだ。そして、空海像の写真つき絵葉書にその旨を書いて伝えてくれた。

葉書には「頭脳のよい人の特徴で額の広さや輝いている目、誠によく似ています」とあった。信州の田舎では小学校も中学校も級長を務めたのだから若干頭がよかったことは確かだろうが、所詮《しょせん》田舎の大将に過ぎない。陸軍士官学校に行ってみたら、いるわ、いるわ。どうしてこんなに頭のいい奴がいるのだろうかと不思議に思ったほどだ。

佐竹さんが褒めてくれた額の広さも、若い頃からそこそこ広かったことは事実ではあるが、いまの広さははげ上がったに過ぎない。頭の中程まで顔になっている勘定だ。

でも空海さんに似ていると言われて悪い気はしない。

そもそも中條家のルーツは相当仏教に深いかかわりがあるように思う。曹洞宗なのに近所の人たちは「浄土の家」と呼んでいた。菩提寺の金龍山禅透院の坊さん（二十四世宮本了吾氏・陸士五十五期）の就任式である晋山《しんざん》式には、坊さんが中條家から駕籠《かご》に乗って、両親が稚児《ちご》行列の先頭に立って寺まで進んだものだ。そのためか、アサヒビール勤続二十年のときの社誌を見ると、「将来の夢は？」という問い

中條家の菩提寺・禅透院の晋山式

かけに「大僧正」と答えている。
　私には空海さんのように衆生に大きな救いを与えることなどできはしない。それでも、自らの体験を伝えることで、これからの日本をつくっていく年若い人たちになにかアドバイスができるのではないかと考えた。人として堂々と生きていくためにはなにが大切なのか、なにを身につけておくべきなのか。そんなことを伝えてみたいと思った。
　バブルの崩壊以降、日本は大きな混迷の中をさまよっている。このところ多少景気はよくなったとは言うが、それは一面の現象であるとしか思えない。

先の見通しはまだまだ不透明なままだ。経済だけではない。政治にしろ、教育にしろ、目を覆いたくなるほどの荒廃ぶりではないか。日本人の心の中にはいまだ大きな暗い雲がかかっているのだ。

このままでいていいわけがない。いま、皆が一丸となって立て直しを図らなければ、日本という国そのものが沈没してしまいかねない。素晴らしい歴史と文化を持つ誇り高い日本をもう一度取り戻すために、いまこそ一人ひとりの日本人が奮起しなければならない。そのためにはなにが必要なのか――。私なりに思い考えたことを書き綴ってみることにする。

第一章 ◎ 未明の思い ◎

早起きは三文の得

習慣としての早起き

午前四時起床。

ほとんど狂いはない。年を取ったせいかもしれない。目覚まし時計などという姑《こ》息《そく》な手段の厄介にはならない。この時間になれば、自然と目が覚める。

そもそも私は子どもの頃から寝起きはよかった。体質というものだろうが、一日中体を動かして遊び回り、疲れと襲ってくる眠気に夕食もそこそこに寝床に這い込み、たちまち眠りに落ちるというふうだった。こんな具合なら朝早い目覚めが爽やかでないはずがない。

もっとも、ときには読み出した本が面白く、ついつい夜更かしして朝寝坊してしまったといったこともないではない。

早起きが決定的な習慣になったのは、十代の終わりに陸軍士官学校の生活を経験してからである。私は身命を国家に捧げる覚悟を定め、職業軍人になろうと陸士に進んだのだ。もっとも、在校中の十九歳で青天の霹靂《へきれき》とも言うべき敗戦に遭遇し、私の人生の大きな夢は無残にも砕け散ってしまったが……。

陸士の生活は否も応もない、起床から就寝まですべて時間割が定まっていて、そのとおりに寸分たがわず回転していく。時間割からはずれることは許されない。

こういう生活を三百六十五日繰り返したら、誰だってある生活習慣が細胞の一つひとつに沁み込み、ＤＮＡに組み込まれる具合になろうというものである。

以後、私は学生生活を送り、就職して社会に出、職分が変わるなかで生活環境もさまざまに変化したが、基本的に早起きは一貫して変わらなかった。努力して、苦労して早起きするのではない。早起きが自然であり、苦もないことなのである。

考えてみれば人間も動物だ。動物の習性を見れば、自然のメカニズムに極めて素直に生きているではないか。一部の夜行動物を除いては、悉《ことごと》く夕暮れとともにねぐらに戻り、夜明けとともに活動を始めている。人間は人間が開発した文明で生活のリズムを狂わせているように思う。エジソンの電灯の発明は大きく人類に貢献したことは事実だ。だが、電灯ができて夜更かしをし、テレビの発明で勉強するならいざ知らず、大方はくだらない番組を見て夜更けまで起きていて、朝の大事な時間に眠気が去らない。都会の朝の電車のなかは皆コクリコクリ、世界の珍現象ではなかろうか。

日常当然やらなければならない営みを苦もなく、自然にやれるようにするには、習慣化するのが一番である。そして、習慣をつけるのは幼いときが最適である。大人になってからある習慣を身につけようとしても容易でないことは、誰にでも覚えがあるはずだ。

しつけは強制である

否も応もなくそれをやらなければならないような状況を強制する。習慣をつけるにはこれが一番いい方法である。いや、これ以外にはないのではないかと思う。これがすなわち、しつけである。しつけは強制なしにはあり得ない。

このように言うと、強制は人間を型にはめる、個性を殺す、といった反論が必ず聞かれる。冗談ではない。人間の型や個性といったものは、身につけた習慣のうえに主体的に構築されるものなのだ。素晴らしい人間の型、いい個性をものにしようとするなら、よき習慣を身につけておくに如《し》くはない。

そもそも、日常の習慣を身につけるための強制で型にはまったり個性を失ってしまうほど、人間はやわではない。早起きなどを強制されて型にはまる、個性を失うと考えるのは、人間というものを矮小化《わいしょうか》する以外のなにものでもない。

私には娘と息子と、子どもが二人いる。自分の経験から言って、子どものときの習慣づけが大事と心得ていたから、しつけだけは厳しかった。といっても、大げさなことじゃない。たとえば、娘は雨戸を開ける、息子は玄関を掃除する、これを毎朝やるという約束だ。

ところが、やはり子どもである。こんなことがあった。私がまだ若い頃、麻布笄《あざぶこうがい》町の社宅に暮らしていた時分の出来事である。前夜、私の帰宅があまりに遅く、早起きのパターンが崩れてしまった。私の起床の遅れが家族全員のスケジュールの狂いにつながったのだ。子どもは寝坊して、朝の約束事をやっていたのでは学校に間に合わないということになった。家内は、「いいから、いいから。雨戸や玄関の掃除はお母さんがやっておくから、遅刻しないように」と登校を急《せ》かした。だが、しつけはここが肝心だ。私は許さなかった。「それはならぬ」と直ちに制止したのだ。

決められた時間に登校するというのも約束である。だが、その見える約束を取り繕《つくろ》うためにほかの約束を破ってもいいなどという理屈はない。約束に軽重はない。どんな約束であろうと、約束は約束である。果たさなければならない。

遅刻をしたら、先生から説教されもするだろうし恥ずかしい思いもするだろう。

だが、それは甘受しなければならない。誰が悪いのでもない。自分が朝寝坊したのが原因なのだから、具合が悪かろうと恥ずかしい思いをしようと、結末は自分でつけなければならない。そこで妥協をすると、取り繕ったりごまかしたりする処世を無意識に覚えてしまうだけである。

雨戸開けや玄関掃除にかぎらない。しつけは親の重要な役割と心得ていたから、その点に関しては私は厳しい父親だったと思う。

私が厳しくすると、家内は必ず、「お父さん、そんなこと言ったって学校に遅れたら大変よ」と子どもの側に立つ。だが、それで家内を、甘い、けじめがない、だらしがない、と非難しようとは思わない。実は家庭におけるしつけで、家内のこの出方こそ大切なのだ。家内が子どもの側に立って中和作用をしてくれるから、私は安心して厳しくなれたと言える。父親の厳しさと母親のやさしさから生じる中和作用。これこそ家庭におけるしつけの妙味というものだろう。どちらを欠いてもしつけはできない。

ところで、私のしつけが子どもの現在にどう影響しているかといえば、それはわからない。子どもに聞いてみるほかはない。だが、娘や息子の振る舞いを見ていると、それなりのプラスはもたらしている、という気がする。

そもそもしつけとは、目に見えるものはこういった程度のものではないかと思う。傍目《はため》にはよくわからないし、当人にも自覚はほとんどない。それならどうでもいいかと言うと、そんなことはない。人間の無意識の部分で人生をつくっていく基本をなすもの、それがしつけだと思うのである。

アメリカ初代大統領ジョージ・ワシントンの桜の木の逸話ではないが、「正直」にほめ、「ウソ」は徹底して叱りつけ、その罪の深さを子どもながらも沁み込ませる努力は惜しまなかった。

息子は正座させて撲《ぶ》ったものだ。子どもはびっくりして大声で泣き出す。泣くなと制止してもやむものではない。そんな軍隊調はいまの世になじみませんよ、と家内は止める。だが男の子だけは俺に任せろと譲らなかった。

そしてわが家の憲法をつくった。悲劇の王子様と思うほどひどく泣く子を三十分だけは放置する。時間が来たら女房が「なぜこんなに叱られたのか」と理由をただす。ほとんど「わからない……」だから張り合いがない。叱られた理由がわからないかぎり、父親の行為はただの暴力だ。だから家内は精を込めて、順序を追って事の善悪を尋ねる。「悪い」とわかったら素直に父親に詫びさせる。詫びたら私は「二度とするな」とだけ言って子どもの頭を撫《な》でる。これがわが家の男の子づくりの憲法だ。

私自身は次男坊で末っ子に生まれたから、多分に甘やかされた育ち方をした。それでもしつけは厳しくなされたようで、私には大きな土蔵《どぞう》の中の片隅に置いてあった米櫃《こめびつ》に閉じこめられた記憶がある。畳一枚分ほどの大きな米櫃であった。ところが、どんな約束を破ってそういう仕儀になったのか、肝心のところはとんと覚えていない。土蔵そのものが神秘的であり、蔵の中は真っ暗で、その片隅にある米櫃の中に身をかがめた恐ろしさ侘《わび》しさと、あとでしきりになだめてくれた母親のやさしさが残るばかりである。

この中で「おしっこ」でもすればこんな仕置きは二度とされないのではないかと思うが、そんなことすら気づかなかった子ども時代の知恵の浅さを、いまは無念に思う。しかし、その仕置きによって私のなかになにかが沈潜し、私という人間の基本の一部になったことは確かである。しつけとはそういったものなのだ。

私の場合は、そこに陸士の否応ない厳しい生活に駄目押しされ、生活習慣はもちろん、ものの見方、考え方、感じ方といった人間の基本を、ひと際鮮明に刻印された感じが深い。

早起きにかぎらない、よき生活習慣は一生の宝である。その宝を身につけるしつけには、強制が最善の方法である。

挨拶、返事、そして後始末

福沢諭吉は明快にこう言っている。

「家は習慣の学校なり。父母は習慣の教師なり」

よき習慣を身につけるためのしつけの最高の場は家庭なのである。そして、そのしつけを行う最高の存在は両親なのである。家庭と両親。しつけにおいてこれ以上のものはない。

だが、最近の家庭に、両親に、この自覚があるだろうか。

こんな話を聞いた。ある小学校のPTAの会合で一人の母親がこんな発言をした。

「先生、うちの子はだらだらとテレビばかり観ていて、さっぱり勉強しないんですよ。先生から注意してやってください」

すると、「うちの子もそうなの。本当に困ってしまう」という声があちこちから聞こえた。

これに対して教師は、「そうですか。私から注意しておきましょう」と答えた。

PTAの会合での母親たちと教師のやりとり。何気なく聞けば、どうということもなくやり過ごしてしまう会話である。だが、私は寒心《かんしん》に堪えない。ここにはしつけについての認識も自覚もかけらもなく抜け落ちているからだ。

子どもがテレビをだらだら観ているのはいけないことだと思ったら、それをやめさせるのは親を措《お》いてほかにはいないのだ。ところが、親は自分がなすべきことを投げ出して、その役目を教師に転嫁《てんか》しようとしている。それを受けた教師も、「それをやるのは、お母さん、あなたですよ」と言ってやる見識がない。

実はこのようなことは、日常のさまざまな場面で見られるのではないだろうか。それが積もり積もった終局の姿が、最近頻発する子どもたちの非行であり、自分の責任を回避して逃げを打つ風潮のように思えてならない。

本来親というものは子どもにとって模範となるべき存在である。にもかかわらず、昨今の親はその自覚が極めて薄い。それが子どもたちの行動に好ましくない影響を与えているのではないか。子どもたちの問題行動に眉をひそめる前に、親が自らの行動を見直してみる必要があるように思う。

福沢諭吉の言葉を待つまでもない。しつけの場は家庭。しつけをするのは親。このことを改めて心に刻みつけるべきである。そして「率先垂範《そっせんすいはん》」という先人の教えをいまこそ思い起こすべきであろう。

もっとも、最近はしつけられないままに親になった大人が多くなっているから、しつけと言われても、なにをどうしつけたらいいのか見当がつかなくて、やたらと小言ばかり言ってしまうという人が多くなっているのかもしれない。そういう人のために、絶好の道しるべがある。

哲学者で国民教育家である森信三先生が提唱された教えである。
一、朝起きたら元気な声で「おはようございます」と挨拶をする。
一、呼ばれたら、「はい」とはっきり返事をする。
一、履物を脱いだら必ず揃え、席を立つときは椅子をテーブルに入れる。つまり、「後片づけをきちっとする」。
この三つがきちんとできたら、しつけは完全だと森信三先生は言うのである。

このしつけの三原則は、人間の深淵を見詰めた洞察を、極めて簡明で具体的な要諦に結晶したものだ。この三つがきちんとしつけられ、しっかりとできれば、人間の背骨ができたということである。そのほかのことはなにも言う必要がない。目をつぶっていていい。子どもは自覚的に、主体的に、人間としての素養と心得を身につけていくようになるだろう。

人間も動物の一種だ。ただ、動物とは絶対的に違う点がある。野にいる動物は眠りたいときは眠り、喰いたいときは喰う。まさに自由そのものである。ところがわれわれ人間は、したいけれどしてはならないことは絶対にさせない。反対に、したくはないがしなければならないことなら絶対にやり遂げさせる。この二面はしつけによって身につくものであり、人間の高等動物たるゆえんがここにあると言えるのだ。

教育の基本は家庭のしつけにあり

米国の精神医学の権威であるウィリアム・グラッサー氏が岡山で行った講演を聞いた。氏は、強制によって人を動かそうとしてはよい人間関係は生まれないとする持論「選択理論心理学」を展開、「よりよい人間関係をつくるには自分の行動を吟味せよ」と訴えた。

私もかつて陸軍士官学校で、「部下は本質的に君に支配されるのを嫌っている」と肩書や力で支配する愚を教えられ、〝慎独《しんどく》〟と自分の行動を律することをたたき込まれたから、氏の言わんとするところはよくわかった。

さらにグラッサー氏は人間関係をギクシャクさせる行為として、①批判する、②責める、③文句を言う、④ガミガミ言う、⑤脅す、⑥罰を与える、⑦相手をコントロールするために釣ろうとする（わいろなど）を挙げ、これを「七つの致命的習慣」と呼ぶ。

なんだか明治生まれの頑固親爺のことのようだし、わからず屋の労組幹部や日教組のイメージが浮かんでくる。なるほど、昨今の様子を見ると、親が正しいと思うことを成長した子どもに強制しても、子どもは自分が正しいと思わなければ受け入れない。

さて問題は、この話を聞いた親や教師たちが「強制的な要素はすべて悪い」ことと思い込む惧《おそ》れがないかどうかである。自分の価値観は自分の責任で築け、と教育されて成長した子どもたちに対しては、氏の主張どおりでなにも心配はないであろう。しかし、低学年、具体的には「つ」のつく九つまでの幼児教育においては、強制の要素が必要だと思うのだ。

特に少子化、核家族化で、叱ることを忘れ、徒《いたずら》に「よい子」「できる子」のみを過剰に期待する親たち。子どもの機嫌を損ねるのを恐れ、物を与えることで愛情の代償依存を試みようとする甘い親たち。このような親たちのことを考えると、家庭の幼児教育には「したくとも、してはならないことは絶対させない」「したくなくても、しなければならないことは絶対させる」しつけこそ、絶対必要なのではないか。

こうした厳しいしつけで育てられた者たちの世界でこそ、氏の論は花開き実を結ぶのであろう。

定まる一日のスタンス

朝四時に目覚めたところに話を戻す。

目が覚めたら、寝床の中でぐずぐずしたりはしない。直ちに起き上がり、床を離れる。これも習慣である。

布団にくるまってむさぼる惰眠《だみん》の快楽を知らないわけではない。だが、目覚めながら寝床でぐずぐずしていると、なんだか座りの悪い気分がこみ上げてくる。私の場合は惰眠の快楽よりも座り心地の悪さのほうが勝るのである。これは気質というものかもしれない。

床を離れたら、やることはたくさんある。ざっと洗顔して、まず前日の日誌をつける。

日誌はいつつけるべきものなのか。一日の終わりというのが普通なのかもしれない。一日の最後にその日を振り返り、なにをなしたかを確かめ、反省すべきは反省し、明日以降になすべきことを明確にし、気持ちを整えて眠りにつく。一日の最後に日誌をつけるのは、収まりがいいように思える。だが、実際的ではない。

仕事であれ遊びであれ、疲労困憊《こんぱい》、とにかく早く横になりたいという一日の終わりになるのは珍しいことではない。したたかきこしめして、とてもペンを執る状態ではないというのも、再々あることである。なにかごたつく事態に直面していて、思い返せば気持ちが波立ち、寝つけなくなってしまうということもあるだろう。

その点、眠りというのはありがたい。ひと晩眠れば前の日にあったことにそれなりの距離ができる。物事に強弱がついて、整理しやすくなろうというものである。日誌をつけるのは翌日の朝がふさわしい。私はそう思っている。

私の日誌は大仰なものではない。心覚えに毛が生えた程度である。そもそも私の日誌はあとで読み返そうとか、誰かに読んでもらおうとかいうものではない。その日になすべきことを明確にするためのものだ。それが日誌のなによりの効用というものだろう。日誌をつけることで一日へのスタンスがきっちりと定まり、気持ちがすっきりする。

日誌をつけるのと並行して、前日に家に届いた来信類に目を通す。即返事が必要なものはそこで書く。じっくりと返書をしたためるべきものは選り分けておく。

続いて前日の新聞各紙の切り抜きにかかる。家内への配慮で、よほどの記事でないかぎりその日の新聞の切り抜きはしない。すべて前日のものである。また、新聞の切り抜きは絶対に人任せにしない。自分でやる。切り抜くことが情報の整理になり、考えることになるからだ。政治関係、経済関係、教育関係、社会関係、国防関係などに分類し、項目別にファイルしていく。

手を動かすことはどうも脳の働きと連動しているようである。切り抜き、ファイルする作業のなかで自ずと情報が整理され、自分の考えもまとまってくるのだ。単に新聞を読み流していたのではこうはいかない。

ファイルした切り抜きを読み返すことはそんなに多くはない。原稿を書くのに改めて事実を確かめたり、講演の資料づくりに数字や固有名詞を確認したりするときにめくり返すぐらいである。新聞記事の切り抜きは主に頭の整理のためにやる作業なのだ。

そうこうしているうちにたちまち五時を過ぎる。来信の整理や新聞の切り抜きはまだ作業なかばである。その作業なかばのものを持って、事務所へ移動する。

私はリタイアしても講演やら原稿執筆やらの依頼が結構あるし、いくつかの関係している団体などもあって、それなりの活動をしている。そのための拠点として、自宅マンションから五分ほどのマンションに個人事務所を設けているのだ。移動する先はそこである。

事務所には前日に秘書が整理しておいた書類や来信類が置いてある。これにざっと目を通し、処理すべきは処理し、心得るべきは心得るようにする。そして、やり残している作業を継続する。

ほどなく六時である。起床してざっと二時間。もちろんやり残しはあるが、一日の雑事の大半はこの時間にこなしてしまうことになる。大いに儲けたような上々の気分である。ただで優越の気分なのだ。

早起きは三文の得とはよく言ったものだ。

ジョギング事始め

官から遠いところで——草莽《そうもう》に生きる

六時を期して私は立ち上がる。作業が残っていても中断である。ランニングシャツに短パンと身支度を整え、コップ一杯の水をグイッと飲み、外に出る。軽く準備体操してやおら走り出す。私の一日はこのジョギングで本格的に始動するのである。

ここ四十年ほど、私は早朝のジョギングをまず欠かしたことがない。これにはひとつのきっかけがある。そして、そのきっかけを語るには、いささか回り道になる

陸士時代

が、私の歩みの概略を述べなければならない。

私は陸軍士官学校在校中に十九歳で終戦となり、価値観の一大転換に遭遇して大いに苦しんだ。きのうまで天晴《あっぱ》れ醜《しこ》の御楯《みたて》、皇国の誉《ほま》れと褒めそやされていたのが、昭和二十年八月十五日を境に一転、おまえたちは日本を軍国主義に染め上げ、国を破滅させた戦犯だ、とののしられる始末となった。まだ十代である。混乱し、方向を見失わないはずがない。

世の中は嘘つきばかり、虚偽で塗り固められている、真なるものはなにもない、と私は絶望感に閉じこもった。

そこから私を解き放ったひとつには、仏文学者の山室静先生の存在がある。たまたま佐久地方の名門小山家の縁で小諸《こもろ》に疎開されていて、お目にかかる機会があった。

「きみたちは狂っている。目を開け。もっと世の中のことを勉強すればわかるはずだ」

山室先生はそう諭《さと》された。

そのときは、こんな細身のソクラテスのような（ソクラテスに会ったことはないが、そんなイメージだった）学者がいるから日本は負けたんだと反発を覚えただけだったが、私のルネッサンスとも言うべき事件（致知出版社『立志の経営』のなかの「明治の女」の項参照）を経て私は旧制の松本高校に入り、縁があって安倍能成先生の勉強会に出入りするようになった。

その安倍先生が学長に就任して新たにスタートした学習院に、第一

学習院大学時代

期生として進むのである。

昭和二十七年、私はアサヒビールに入社した。両親は官庁を熱心に薦め、そうでなければ金融機関ぐらいを想定していた。しかし、気持ちの整理をつけたとはいえ、私には陸士に進み、職業軍人を目指したことへの残像がある。戦前、軍隊といえば官のなかの官、権力の中枢だった。そこを夢破れて志なかばで挫折し、手ひどい衝撃を受けた。あの切ないまでの挫折は二度と味わいたくないという思いが常に強くあった。だから、できるだけ官から遠いところに、つまり草莽《そうもう》に身を置いて生きていこうという気持ちが強かった。それが私にアサヒビールを選ばせたのである。

といって、世の中の片隅で身をやつして生きていくといった隠棲《いんせい》じみた気持ちには程遠い。いささか勉強して、日本のかけがえのない素晴らしさが見えていたし、その日本が戦争に突き進んでいかなければならなかった戦前の国際情勢もつかんでいた。そのなかで日本が犯した過ちも認識していた。敗戦という痛烈な一撃は、戦後の日本に大きな揺り戻しとなって現れる。アメリカは巧みな占領政策を駆使して戦前の日本を全否定し、骨抜きにかかる。国民はそれと自覚しないままに自由、平和、民主のかけ声に乗り、日本本来の素晴らしさを損ねる流れに身をゆだねていく。これではいけないという思いが私にはあった。一社会人としてこの流れに逆らい、日本を本来の姿に立て直していくために、たとえ小さくても力を尽くしていかなければ、という気持ちである。

私にそう思わせる原点は、やはり職業軍人を目指した陸士時代に戻っていく。あのころの私の人生のイメージは、二十代のさほど遅くない時期に国に命を捧げて死んでいくというものだった。先輩の多くはそのとおりの人生を生き、国家に殉じた。ところが国敗れ、軍を解いて野《や》に下《くだ》り、私はここに生きている。このまま手をこまねいていては国に殉じた先輩たちに申しわけない。自分が身を置いた場所でできるかぎりの力を尽くさなくてどうしよう。そういう思いであった。

そのとき、神の啓示のような閃《ひらめ》きがあった。そうだ、矛《ほこ》をペンに替えて生きよう。私は新聞記者を夢みた。しかし、この道は母親の強い反対にあった。「新聞記者ほど品性下劣な職業はない」と言い張るのだ。母の友達の主人が世にいう「赤新聞」「ゴロ新聞」のフダ付きの記者で鼻持ちならない人物だったのだそうだ。そのイメージが沁み込んでいたようだ。

敗戦によって栄光の座からすべり落ちた私の挫折はそのまま母親の挫折でもあった。それを思うと、母の抱いていた新聞記者への偏見を変える努力を払ってまでその道に進む気にはなれなかった。

戦後の二十年代は皇居の前にも赤旗が林立し、いつ何時共産革命があってもおかしくない世相であった。「天皇タラフクメシヲ喰イ吾等人民腹ペコペコ」と叫んでひるまないような世の中であったのだ。こうした風潮を私は嫌悪したが、当時が未曾有の食糧難であったことは事実だった。そしてそのことが私の進路を決めるきっかけとなった。

そうだ、口につながる産業を選ぼう。私はそう決意した。敗戦の痛手に裏打ちされた幼稚な選択眼ではあった。だが、今度の決意は揺らぐことはなかった。しばらくして私はビール会社を選んだ。私のビール人生の始まりである。

山本為三郎さんのアキレス腱

私が入社したアサヒビールは芳しくない状態が続いていた。入社後、ますます芳しくない度合いを深めていく。ほかでもない、ビール業界におけるシェアをじりじりと下げ、トップであるキリンビールのはるか後塵《こうじん》を拝するばかりになっていたのだ。

そうなった原因を明らかにするにはビール業界史といったものを物語らなければならなくなるが、大雑把に言えば、このようなことである。

戦前のビール業界は大日本麦酒《ビール》と麒麟麦酒《ビール》で占められ、なかでも大日本麦酒はシェア七五パーセント以上、ほとんど独占状態だった。だが戦後、日本経済の弱体化を狙う占領軍は、経済力過度集中排除法によって各業界の有力企業を次々と分割した。ビール業界では大日本麦酒がその対象になり、昭和二十四年に今日のアサヒビールとサッポロビールに分割され、麒麟麦酒はそのままということになった。アサヒビールは西日本を、サッポロビールは東日本を受け持つローカルカンパニーとなり、キリンビールは全国区として生き残ったという趣である。

分割が経営に与えるダメージは想像以上のものがある。この恐ろしさは当事者でなければ、いかに優れた学者でも評論家でもわかるまい。規模の大小は関係ない。分割された会社は、たとえば台所に釜があって鍋がない、あるいは鍋があって釜がないという状態になるのである。こじんまりとした台所でも釜も鍋もそろっているのと、どちらがスムースに料理をつくれるかは言うまでもないだろう。

それでも分割当初はもともと母体の大日本麦酒の規模が大きかったから、シェアはサッポロビールが三八・六パーセント、アサヒビールが三六・一パーセント、キリンビールが二五・三パーセントだった。だが、釜があって鍋がないことの無理が徐々に現れてくる。以後三十数年間、アサヒビールはシェアを下げ続け、昭和五十年には一三・五パーセントにまで落ち込むのだ。一方のキリンビールは六三パーセントを超えるという上昇ぶりだった。

社長は山本為三郎さんだった。名経営者との誉れが高かった。大阪出身で、財界で活躍する「阪僑《はんきょう》」（華僑のもじり）とも言われ、産業界にもてはやされていた。自社一社の利害にのみとらわれず、ビール業界の、さらには日本経済全体の発展を常に考慮する広い視野と度量があった。

たとえば、麒麟麦酒も経済力過度集中排除法の対象になり、分割が検討された。だが、山本為三郎さんはGHQをはじめ関係方面と旺盛に折衝、これを阻止してナショナルブランドのキリンビールとして生き残る道を開いたのだ。独占状態にあった大日本麦酒の分割は甘受《かんじゅ》するとしても、麒麟麦酒まで分割されては日本のビール業界が低迷してしまう、と恐れたのだ（日本経済新聞社『私の履歴書』、野田岩次郎初代ホテルオークラ社長の項参照）。

また、サントリーのビール業界参入に際しては、アサヒビールの特約代理店を無条件で提供した。新規参入会社を育成することで業界に活気をもたらすことを期待したのだった。（かんき出版『小が大に勝つ兵法の実践』参照）

だが、これらは敵に塩を送るどころではない結果を招いた。占領軍の経済施策の枠をはめられ、また、戦後の混乱が尾を引いて業界秩序が定まっていない当時にあっては、山本為三郎さんの広い視野からくる度量のある営為《えいい》は、アサヒビールにとっては仇となって作用した趣《おもむき》が濃い。山本さんが分割を阻止したキリンビールにはシェアを蚕食《さんしょく》され、代理店を提供したサントリーには軒を貸して母屋を取られるような事例が次々と出てきて、尻に火がつくというほどではなかったが、次第に追い上げられる事態となっていた。

アサヒビールのシェア減少は、経営者としての山本為三郎さんのアキレス腱だった。

トップダウンとボトムアップ

しかし、シェア減少を招いた最大の原因は、当時のアサヒビールの社風にあったと思う。なにしろ独占状態で商売をしてきた大日本麦酒時代の匂いが色濃く残っていて、社員の多くは多分に親方日の丸的な気風に染まっていた。

そこにスグレ者の実力社長が登場すると、どのような仕事であれ、社長はどう思うか、社長は喜ぶか、社長はどう評価するか、なによりも社長の機嫌を損じないか、そこに基準を置いて動くようになるのである。

ひとつ例を挙げれば、山本為三郎さんが「われゴルフをせず」の弁を雑誌で述べたことがあった。すると、たちまち社内ではクラブをバッグに納め、封印するありさまとなったのだ。だが、営業ではゴルフが有効な手段になることもある。そういうときは、なにか悪いことでもするように、ゴルフバッグを担いでこそこそ、という仕儀に相成る。

山本為三郎さんはワンマンであった。

組織とリーダーのあり方について、私は陸軍士官学校でこのように教わった。

一匹のか弱い羊のリーダーに率《ひき》いられた百匹の勇猛なるライオンで構成された部隊と、一匹の勇猛なるライオンのリーダーに率いられた百匹のか弱い羊で構成された部隊とが戦ったら、どちらが勝つかという設問である。現実に結果が出るはずがないのだが、後者が勝つはずであるとしてリーダーの大切さを教え込むのだ。

事実、強い会社の社長は押しなべてワンマンである。広く社員の意向を吸い上げ、調整し、その調和のうえに決定を下すといった社長に率いられている会社で、勝ち続けている会社など聞いた験《ため》しがない。あったとしても官に近い大会社しかありえない。

組織のリーダーとリーダーシップのあり方について、トップダウンとボトムアップということがよく言われる。だが、トップダウンとボトムアップを二元的に並列させてリーダーシップを論じるのは、ナンセンスというほかはない。勝つリーダーシップはトップダウン以外にはあり得ないのだ。トップの決断によるトップダウンだけが組織を動かすものなのである。

では、ボトムアップはどうでもいいのか、必要ないのか。ボトムアップはトップダウンに対してあくまでも相対的なものに過ぎないが、これもまた組織には不可欠である。トップの意思決定においてはあくまでも参考の域を出るものではないが、リーダーはボトムアップの道をつけておかなければならない。

トップが決断するときは祈りの境地になる。自分の判断が企業の運命を左右するのだ。決断のときに真剣であればあるほど、重大な決定であればあるほど、神の診断を仰ぎたくなる。その神の診断にあたるものが即ち「ボトムアップ」なのだ。部下の意見をよく聞いてあらゆる情報を集める、お客の意向を確かめるなどがそれである。したがって、強いリーダーシップであればあるほど、それ相応のボトムアップが必要になるという構図である。

一例を挙げる。ダイエー創業者の中内㓛さんは、私もしばしばお会いしたが、カリスマ性を持ったトップダウンによってリーダーシップを発揮した見事な経営者だった。それゆえにこそ、ダイエーが三越を抜いて小売業日本一の座を占めたのだ。だが、惜しむらくは、中内さんはボトムアップに対する視点が甘かった。強烈なトップダウンであればあるほど、お客の声、社員の声を聞かねばならない。それがボトムアップなのだが、中内さんはそれをしなかった。その結果、好むと好まざるとにかかわらず、中内さんは実弟の力さんの意見さえ聞かなくなって袂《たもと》を分ってしまった。他の役員は推して知るべし。中内さんは裸の王様にならざるを得なかった。ダイエーの失敗の根本はそこにあるのだ。

私が入社してからしばらくの間のアサヒビールには、それと似た雰囲気があった。

誰もが社長の顔色をうかがっているというあり方に、それは端的に現れていた。山本為三郎さんの徹底したトップダウンによるリーダーシップと、社員一人ひとりの意識がかもし出す社風とがかみ合っていなかったのだ。

二十代に生命を国に捧げて消えているはずなのに生き長らえているのは拾い物の人生であり、余分の人生であるという意識が私にはある。拾い物の人生なら、言いたいことを言わずにやり過ごすようなことはやめよう。意見は率直に表明していこう。極めて会社への帰属意識の強い時代であったから、一番若い社員ほど発言権があるはずだとさえ考えていた。だから、山本為三郎さんの前で、社長の顔だけを見て仕事をするのはおかしい、われわれが見るべきはお客さんの顔ではないか、と発言したことがある。これは大方の顰蹙《ひんしゅく》を買い、上司からは厳しい叱責を受けた。私の言ったことが間違っているというのではない。山本さんの前で言ったのがまずいというわけである。

ところが、山本為三郎さんは私の発言を受け入れ、逆に面白がってくれた。営業の第一線を飛び回る一兵卒に過ぎない私をしばしば呼び出して、意見を求めたりした。そういう懐の深い山本為三郎さんが私は好きだった。私は人間山本為三郎に惚れていたのだ。

名医の診断――「きみは〝算術〟ができない」

昭和四十一年二月四日、山本為三郎さんが虎ノ門病院で突如亡くなった。青天の霹靂であった。その年、新社長にはちょうど一週間前に末席の常務から専務に昇格したばかりの中島正義さんが選ばれ、その新人事で私は大阪から東京に転勤になった。四十一歳だった。

西は地盤だからアサヒビールの名が通っていたが、東ではそうはいかない。当時、東京では認知度が極めて低かった。だが、このままではシェア回復はおぼつかない。どうしてもアサヒビールの浸透を図り、東日本に確固とした地盤を構築しなければならない。シェア減少を食い止められないまま、山本為三郎さんは亡くなった。その弔い合戦、遺恨試合の意味もある。必死に働くほかはない。私は覚悟を決めていた。

　そのためにはなによりも健康である。そこで、銀座クリニックで中山恒明博士の健康診断を受けた。中山博士といえば世に聞こえた名医である。そういう名医の検査を私ごときが受けられたのは、ほかでもない、生前、山本為三郎さんが銀座クリニックの面倒を見ていたというつながりがあったからである。

　検査項目はＡＢＣＤのランクづけで評価される。私はすべての項目でＡランクであった。完璧である。健康に生んでくれた両親に感謝したことだった。

「しかし、ひとつ問題がある」と中山先生は言われた。体重である。私のそれは八十四キログラムだった。二十キログラムオーバーしている、というのである。最終結論は、このままでは長生きは望めないとのご託宣だった。

「きみはなかなか仕事のできる男と聞いていたが、こんな簡単な算術がわからないのかね。きみの体は五を必要としているのに、きみは十を口から入れている。十マイナス五は五だ。五が余分なのだ。この余分な五が積もり積もって二十キロオーバーという現実になっているわけだ」

さてどうする？　と中山先生は言う。

天下の名医のご託宣だけに家内はすっかり度肝を抜かれてしまった。中山先生の診断を律儀に受け入れた家内は、脂肪がどうの、糖分や塩分がこうのと理屈を並べ、食事の量は極端に減り、食卓はプアーなものになってしまった。

プアーな食事というのは私の哲学には合わない。食文化を業とするビール屋にそんなみじめな食生活はとてもやり切れないし、なじまない。そこで私は私の算術を中山先生にぶつけた。

「口に入れる十を五に減らすのではなく、私の体が必要としている五を十に引き上げれば先生のご主張と合うじゃないですか」

必要とする五を十に引き上げる手段は運動というわけである。

「きみは理屈屋だなあ」と中山先生は苦笑した。しかし、運動で二十キログラムの減量を図るのは容易ではない、むしろ不可能に近い、と言われた。

「そもそも二十キログラムも減らすというのが残酷なんです」

そう言うと、慌てるな、と中山先生。

「短期間に急激に減量するというのではない。二十年かけて二十キロを減らす。これならできるだろう」

一年に一キロの計算である。これならできそうである。やります、と気安く答えてしまった。

これが契機になって、今日に続く私の早朝ジョギングはスタートしたのである。食欲につながっていたから長続きしたとも言えそうだ。

三十六年間で八キロ減量

以来、早朝のジョギングをほとんど欠かしたことがない。その時間に海外出張の飛行機のなかであるとか、瞬間風速五十メートルの台風が荒れ狂っているとかでないかぎり、私は走っている。出張先でも海外旅行でも走る。むしろ、見知らぬ土地でこそジョギングを怠らないようにしている。

というのは、まだ眠りから覚めない、ほとんど人影がなく車もまばらな見知らぬ町を走ると、いろいろ収穫があるからである。まず地理が呑《の》み込め、町のたたずまいがつかめる。これが大きい。地理が呑み込めて町のたたずまいがつかめると、その土地の気風というか雰囲気というか、そういうものもなんとなく伝わってくるようになる。これが営業などでは有効な武器になるのだ。

もっとも、海外旅行でベネチアに行ったときだけは参った。朝、例によってホテルの玄関を出て走り出したのだが、両側に四、五階建ての建物が迫り、路地と呼んでもいいような細い道がその間を迷路のようにくねっている。それでも私はまったく心配していなかった。方向感覚には自信がある。それに、ベネチアは人工的につくられた島だ。広さは高が知れているから、たとえ迷ってもとんでもないところに行ってしまう懸念はまったくない。また、島には観光名所でもあるサン・マルコ広場があり、ひと際高く塔がそびえている。ほかに高層建築物はないのだから、塔はどこからでも見えるだろう。方向がわからなくなったら塔を目指せばいい。必ずサン・マルコ広場に出られる。そこからホテルへの道筋は呑み込みずみだ。

ところが、である。両側を建物の壁に挟まれた細い道を右に曲がり左に折れしているうちに、自信があったはずの方向感覚が怪しくなってきた。違う道を走っているつもりなのに、前に通った建物が現れたりする。ホテルを目指しているつもりなのに、それらしい風景が一向に見えてこない。

空を見上げた。両側にそそり立つ壁の間に狭い空間が見えるだけで、塔は先端もうかがえない。

さすがに慌てた。こういうときこそ冷静が肝心と思うものの、自分がホテルからどの方向のどのあたりにいるのか、さっぱり見当がつかないのである。

人影がチラリホラリと見え出したが、私はイタリア語はチンプンカンプンだからどうしようもない。向こうも、オリエントの変な男がなにをしているのか、といった目を向けてくるだけである。細い道から道へとむやみに走り回るしかなかった。

結局は迷路を抜け出し、なんとかホテルに帰り着いたのだが、そのときは疲労困憊、観光どころではなくなってしまった。

このような失敗はあるが、毎朝ジョギングを続けているとありがたいもので、いまでは朝の運動がすっかり習慣になってしまっている。努力して走り続けるのではない。ジョギングもまた洗顔や歯磨きと同じように、毎日やらなければならない、それをやらなければ一日が始まらないし、なんとしても気がおさまらない。そして当然のこととしてやっている日常の些事と化しているのである。

あれから三十六年が過ぎた。現在ただいまの私の体重は七十六キログラムである。八十四マイナス七十六は八。三十六年間で八キログラムしか減らせなかったわけである。すでに冥界に旅立たれた中山先生には恥じて頭がまったく上がらない。

それでも体重は減っているのだから、私が必要とする五を運動によって十に引き上げることには成功しているわけである。ゼロコンマ以下ではあるが、十を上回っている。いまの運動量を確保し続ければ、十を口に入れても、わずかずつでも体重は減っていく。二十年で、という目標はかなわなかったが、中山先生にはこれをもってお許し願うほかはない。

「きみは相変わらずの理屈屋だな」

あの世で中山先生が苦笑しているような気がする。

36年間続けている朝のジョギング

わが持ち家物語

靖国神社のお膝元

マンションの玄関から走り出した私がまず向かうのは、靖国神社である。私の自宅マンションから靖国神社の大鳥居までは三、四分の距離なのだ。

ここに居を定めたのは、転勤で東京に来て間もなくである。

だいたい私は、昔、軍人であったせいか、住まいにまったく関心がない。借家であろうと社宅であろうと、仕事に都合がよければなんでもいい、雨露がしのげればそれで十分という口である。恰好よく表現すれば『方丈記《ほうじょうき》』（『徒然草《つれづれぐさ》』と共に中世随筆の双璧と言われる）の作者鴨長明《かものながあきら》とまったく同じ心境なのだ。

〝行く河の流れは絶えずして、しかももとの水にあらず。よどみに浮かぶうたかたは、かつ消え、かつ結びて、久しくとどまりたる例《ためし》なし。世の中にある人と栖《すみか》と、またかくのごとし〟

年を重ねたいまでもこの考えだ。

だが、共に暮らす仲とはいえども、家内とは人生観が違う。

「○○さんがマンションを買われたそうよ」

「××さんは庭付きの一戸建てですって」

こんな女房のつぶやきを耳にすると、ビール売りにかまけて家をまったく顧みない私は家内が急に可哀相になり、いじらしくなった。

私は女の気持ちに精通しているというほどではないが、家内がマイホームを欲しがっていると察しがつかないほど鈍感でもない。

あるとき宴会で遅く帰宅したら、二人の子どもが風邪を引き、熱のせいかひどく泣いていた。持て余した家内は泣く二人を抱いて自分も泣いていた。その姿は私の脳裏に強く焼きついており、いまでもすさまじい精神的負債勘定となって忘れられない。家を手に入れようと心に決めるのに時間はかからなかった。

私は心理学もいささか勉強していた。八割の女性はダイナミックな肯定的な答えを聞くだけで満足して、その実行為に入らないそうだと学んでもいた。家内の場合はどうか。うちの家内は静かな性格で、どう見たって心理学の教える八割の人間であろうと思っていた。だから堂々と宣言をしたという一面もあった。

「よし、お前の好きな家を探しなさい。お金はなくとも借金の能力は充分ある。ただし、靖国神社から四キロ以内という条件だけは守ってくれ」

靖国神社から四キロ以内となれば、東京のど真ん中である。どんな家であれ、当然値は張る。家内は私の経済力のほどは心得ているから、支払い能力を無視するわけにはいかない。すると、手が出せる物件はないということがわかるだろう。そういう計算もあって大きく出たのである。

だが、人は見かけによらないものだ。あるいは家内の持ち家願望がすごかったのかもしれない。結論から言えば、あの引っ込み思案の家内がいまの家を見つけてきたのだ。しかも四キロどころか靖国神社とほとんど同じ番地だ。

それだけではない。借金など一銭もしたことがない家内が、なんとか私の力で返済していける条件で、太陽神戸銀行から融資を取り付けてきたのだ。これは私にとって驚きと喜びが入り交じる我が家の獲得であった。

それにしても女はわからないものである。家内はダイナミックな肯定的な答えをすればそれだけで満足して実行行為には移らない、と心理学が教える八割の女ではなかったのだ。

こうなってはあとには引けない。武士に二言はない、である。

しかし、アサヒビールの主力銀行は住友銀行である。案の定、どこから聞きつけたのか、住友銀行の太田黒さん（のちの専務）と西さん（のちの副頭取）がやってきて、

「中條さん、家を持たれるそうですね。うちから借りてもらわなければ困ります」

ときた。金利もどんどん下げて、迫ってきた。

考えてみれば、当然である。住友銀行にすれば私の退職金を目当てにして、その枠内なら絶対に取りはぐれのない安全確実な融資先なのだから。

それだけではない。私が承知しないうちに、住友銀行は無断で私の口座に金を振り込んできたのである。

「住友のほうが金利が安いのだから、太陽神戸は断りなさい」

私は家内にそう言った。

ところが、家内は「いやです」である。それもわからないではない。金を借りたことなど一度もなく、借金の知識は皆無の家内に、太陽神戸銀行は親切に手ほどきをし、なんとか返済していけるような条件を提示してくれたのである。家内はそれを無下にしたくないのだろう。

ともかく私のダイナミックな答えを実現可能なところに家内が持っていったのは、彼女が内を守るという女の役割にまじめで真剣なしるしである。これは多としなければと思った。結局は、思わぬ現金が入ったので、と私から丁重に太陽神戸に断りを入れ、住銀の友情に応えることになった。

このいきさつにはお釣りがくるような効用もあった。「お父さんには銀行がしつこいくらいに借りてくれと言ってくるような力がある」と家内が認識を新たにし、いささかおやじの力の強さにびっくりしたようである。

どんなことでもいい、夫たる者、いささかでも妻から尊敬の念を勝ち取っておくことは、家内安全、家庭安穏《あんのん》の必須条件なのである。

実態を言えば、これは「無関心の関心」の哲学のしからしむるところである。借金には、こちらが借りたい、借りたいと出れば、向こうはどんどん厳しい条件を突きつけ、こちらがどうでもいいと身を引けば、向こうは追いすがって好条件を出してくる、という力学が働くものなのだ。私は得意先の借金で畳に頭をこすりつけるほど頼んだことはしばしばあるが、一生のうちで自分の借金を銀行に頼んだことは一度もない。

この力学は男女の仲にも同様に働く。借金と男女の仲をうまくやる要諦は、「無関心の関心」の哲学に徹することである。

男になんかなりたくない

今年の四月に文科省所管の「統計数理研究所」が「日本人の国民性調査」を発表した。この調査は、私が社会人になった頃、昭和二十八年に始まり、以後五年毎に行われてきた。ときどきの男女の心理のうつろいが読み取れ、私自身、深い関心を注いできた調査である。

とりわけ今回の調査には時代の変化が見事に示されているようで、かつは驚き、かつは合点《がてん》した。それというのも、昭和三十三年には女性の六四パーセントが「次に生まれるときは男になりたい」と願望していたのに、今年の発表によれば、六九パーセントが「もう一度女性に生まれたい」と答え、「男になりたい」という女性は四人に一人にまで減っているのだ。

念のため、男性が「次に男に生まれたい」と答えたのは八七パーセント。前回は八八パーセントだから大して動いていない。巷間《こうかん》「男はつらいよ」の声をよく聞くわりには、男性がまた男に生まれたいとの願望にほとんど変わりのないのは、男の切ない意地と見るべきか。

また、「楽しみが多いのは男性か女性か」との設問でも、かつては当然のように男女とも「男性のほうが楽しみが多い」が圧倒的であった。ところが、今回は「女性のほうが楽しみが多い」が上昇し、男女全体で見ても、楽しみが多いのは「女性側」四二パーセント、「男性側」三六パーセントと、初めて男女逆転したのである。

そう言えば、近頃、昼時のホテルのレストランは八割方が女性で占められている。その同じころ、男はおおむね仕事に追われ、いくらかでも安い値段の昼食を探してとっているのが天下の相場のようだ。うちの息子も平気で子どものオムツを取り替えている。

これはいいことだと私は思う。男女がそれぞれ神から授かった性を再び選択したいと望むというのは、ある意味では幸せな時代である証拠だ。男女共同参画社会を築いていくうえからも結構なことである。

ただし、こうした動きに藉口《しゃこう》して「ジェンダーフリー」を振り回す人々がいることには注意を喚起したい。ジェンダーフリー（正式な英語ではなく日本の造語である）の運動とは、永世棋聖の米長邦雄氏の言葉を借りれば「男らしい男と、女らしい女が結び合って子が生まれる。この太古からの自然さを覆そうとする」動きである。男女共同参画社会とは、そのように男女の性差をなくし、男も女も同じになる社会では断じてない。男には男の役割があり、女には女の役割がある。この至極当然の前提を失えば、家庭は崩壊し、社会生活の秩序破壊にもつながりかねない。このことはよく理解しておかなければならないと思うのである。

男は外、女は内

男子一生の仕事、という言い方がある。だが、一生の仕事は男子にだけあるのではない。女子にも当然ある。

男の仕事は家庭の外でなされるものが多い。社会的な広がりへと向かっていく種類のものである。これに対して女の仕事は家庭の内へと向かう。外と内。外を男が担い、内を女が担う。そこに男と女が一対のカップルとなり、夫婦という縁を結ぶ根源的な意味がある。昨今は男性に優る女性軍が外の仕事でたくさん活躍されているので異論はあろう。しかし私の基本的な家庭論を譲歩する気はさらさらない。

家庭は社会の最小単位である。女が内の仕事にエネルギーを注ぎ、家庭が充実すれば、その家庭を基盤にして外を担う男の仕事も充実する。男の仕事の充実は家庭のさらなる充実となって跳ね返ってくる。このようにして回転していくのが健全な社会というものである。

だから、外の仕事を担う男の役割と内の仕事を担う女の役割の価値に軽重があるわけがない。等価値である。男の役割も女の役割も尊重されなければならない。

ところが、男はここでしばしば過ちを犯す。男は外に出れば七人の敵がいるなどと吹いて、己の役割の大変さを大袈裟に吹聴し、自分でもそう思い込んでしまうことである。その裏側には必ず、内を担う女の役割はくだらない些事であるという観念がつきまとっている。だが、内を担うのも一生の仕事なのだ。

ここから男と女のズレが生じる。夫婦の亀裂が始まる。男はすべからく己を省みて戒めるべきである。

このように述べると、ある方面から必ず非難が飛んでくるのはわかっている。中條は古い男社会の論理にどっぷりはまっていて、男女には先天的に役割分担があるという考え方が女性差別の根源であることにさえ気づいていない、といった類の非難である。

このような非難を放つのがジェンダーフリーを唱える人たちである。この人たちは男女の違いを一切認めない。男女の違いをいささかでも口にしようものなら、女性蔑視と目をつり上げる。男らしさ、女らしさなどといった言葉は目の敵にする。挙げ句は男の名前、女の名前が違うのはおかしいという議論にもなる。

このような主張が出てきたのは、どちらが鶏でどちらが卵かは知らないが、女性の社会的進出が盛んになったことと無関係ではないだろう。

確かに世の中は変化してきている。事実、女性は社会的に活躍する場が広がっているし、社会がそれを求めている。それはいいとか悪いとかいう以前に、時代の変化がもたらす必然だと私は思っている。

なんだ、前に言ったことと違うじゃないか、と言われるかもしれない。だが、女の役割は内にあるのだから、女はすべからく専業主婦であるべきだ、などと私は言っているのではない。女性が社会的な場に出て活躍して一向にかまわないし、いまは社会がそれを求めているのだから、そうあるべきだろうと思っている。

ただ、男は外、女は内というのは男女の違いからくる根本的な役割だと言っているのである。役割は必ず「らしさ」を要求する。一国の首相は首相らしく、会社の社長は社長らしく、中間管理職は中間管理職らしく、平社員は平社員らしく振る舞ってこそ仕事がスムースにこなせるし、目的が果たせるというものだ。「らしさ」とは、言い換えれば特性のことである。特性を発揮すれば事がうまく運ぶのは、当たり前なのである。

私は社会的な場で活動し、立派な成果を上げている女性を何人も知っている。彼女たちは内を守るという女の役割、その役割の特性である女らしさを捨てることで成果を上げているのではない。それどころか、女らしさを発揮することによって成功しているのだ。ほとんど例外はない。このような女性たちを私は見事だと思う。

外で偉大な仕事をする女性でも、自分の子どもに「母のふところの暖かさ」を感じさせることのできない人は早々と内に戻るべきである。筆者の知人である参議院議員の山谷えり子さんは新聞社時代でも議員時代でも、あれだけ活躍しながら内をおろそかにしなかった。

ところが、ジェンダーフリーを唱える人たちは、人間であることを金科玉条にして、男も女も一緒くたにとらえようとする。ちょっとでも男と女の違いを言おうものなら、たちまち女性差別と言い立てる。

差別はいけない。だが、区別はしなければならない。女は子どもを産めるが、男は産めない。この一事を取っただけでも男と女は違うし、担っている役割が異なるし、当然備えている特性に区別があるのは明らかではないか。区別しなかったら、かえって困ったことになろうというものである。

そもそも政府もジェンダーフリーは公的に認められた概念ではなく、また男女共同参画社会はジェンダーフリーを目指すものではないと明言している。ところが、大沢真理東大教授がデルフィ学説（彼女自身が「かなり大胆な仮説でまだ実証されていない」と認める説）に心酔して声高に唱え始めたのである。東大教授というブランドの信用度を考えると、この大沢教授の動きは警戒を要する。

佐世保や長崎の小中学生の殺人事件は、共に加害者の家庭は共働きであった。六割が共働きのわが国でそれをにわかには否定し難いが、よく考えねばならない問題だと思う。

双方の母親は子どもを大事にしていた。子どものために用意してあった夕食もぜいたくと言っていいくらいだったという。だが、子どもの立場から考えれば、どんなご馳走が用意されてあろうとも、冬の日、ひとり家に帰ったら電灯をつけ、暖を入れ、戸棚から作り置きの夕食を取り出すときの心情はどうだろうか。それがいかに栄養価の高いものであったとしても、冷え冷えとして家のぬくもりなどあろうはずがない。母親たちは物の豊かさは精神的わびしさを消してくれると錯覚しているのではないだろうか。

母の「ふところ」は偉大だ。すべてを飲み込む力を持っている。言葉の要らない世界である。戦場に赴いて死が迫ったとき、残念ながら「父さん」と口にする兵などはいない。すべて「母さん」だ。「十月十日《とつきとおか》」の懐妊の母親の偉力はいかなる男性もかなわない。母親の「ふところ」は神に近い。

長崎の加害者の母親も、冷暖房などなくても、もっと粗末な生活をして（つまり共働きをしなくて）でも、なぜあの子のそばにいてあげなかったのだろうと後悔しきりではなかろうか。

共働きが悪いわけではない。しかし、せめて子どもが中学初期の年齢になるくらいまでは母親は家にあるべきでないだろうか。それが無理なら、おばあさんと同居するとか、隣近所で当番でも決めて夕飯だけはお母さんが面倒をみるとか、なんらかの手を打つべきである。「母親のふところ」はどんな高価なものでも絶対代替できないのだ。

こんなことは日本人はとうのむかしに知っていた。『古事記』を読んでみるがいい。男と女には区別があり、役割が異なり、特性が違うことが、冒頭に書かれている。

男女の区別は神代のむかしから

『古事記』の最初は有名な国生み神話である。

伊耶那岐《いざなぎ》・伊耶那美《いざなみ》の男女カップル神が天の浮橋《うきはし》に立って、天《あめ》の沼矛《ぬぼこ》を突き立てて掻《か》き廻《まわ》し、引き上げると、矛の先から滴《したた》り落ちたものが島になった。伊耶那岐と伊耶那美は島に降り、国生みに取りかかる。

伊耶那岐は伊耶那美に問いかける。

〈「汝《なむち》が身は、如何《いか》にか成れる」といひしに、答《こた》へて白《まを》ししく、「吾《あ》が身は、成り成りて成り合はぬ処一処在《ところひとところあ》り」とまをしき。爾《しか》くして、伊耶那岐命の詔《のりたま》ひしく、「我《あ》が身は、成り成りて成り余れる処一処《ひとところ》在り。故《かれ》、此の吾が身の成り余れる処を以《もち》て、汝が身の成り合はぬ処を刺《さ》し塞《ふさ》ぎて、国土《くに》を生《う》み成さむと以為《おも》ふ。生むは、奈何《いか》に」とのりたまひしに、伊耶那美命の答へて日《い》ひしく、「然《しか》、善《よ》し」(いいわよ)といひき。爾《しか》くして、伊耶那岐命の詔《のりたま》ひしく、「然らば、吾と汝と、是の天《あめ》の御柱《みはしら》を行き廻《めぐ》り逢《あ》ひて、みとのまぐはひを為《せ》む」とのりたまひき〉(小学館版『新編日本古典文学全集・古事記』)

このように約束して、伊耶那岐は天の御柱を右から回り、伊耶那美は左から回った。そして二人が出会うと、伊耶那美が先に「あなにやしをとこを」と言い、伊耶那岐が後から「あなにやしをとめを」と言って、二人はセックスをした。

「あなに」も「やし」も感動を示す言葉だから、「あなにやしをとこを」「あなにやしをとめを」は「ああ、なんて素晴らしい男よ」「ああ、なんて素敵な女よ」ぐらいの意味だろう。それを女神の伊耶那美が先に言ったのである。女のほうが積極的だったわけだ。

ところが、こうして生まれたのは水蛭子《みずひるこ》、蛭《ひる》のように手足がグニャグニャした不完全な子だった。この子は流されて捨てられることになる。ただし、哀れな末路をたどったというわけではない。流れ着いた所で福の神として崇《あが》められることになる。

それはともかく、どうしてこういう子が生まれることになったのか。伊耶那岐と伊耶那美は天つ神に相談に行く。天つ神は二人の話を聞いて占いをする。これはいかにも日本の神らしい。

西洋では一神教のキリスト教であれユダヤ教であれイスラム教であれ、あるいは多神教のギリシア神話であれ、神は全知全能の絶対的な存在である。神にわからないことはないし、したがって困ることも迷うこともない。ところが、日本の神様はどうだろう。伊耶那岐と伊耶那美はどうしていいのかわからなくて、困ってしまって、ほかの神様に相談するのである。相談を受けた神様もズバッと答えを出さない。占いでおうかがいを立てるのである。おうかがいを立てる相手はまた別の神様なのだろう。

すべてをお見通しで、なんでもわかっていて、どんなことでもできる全知全能の絶対的存在などというと、とっさに、ほんとかね、と眉に唾をつけたくなるような感性がわれわれ日本人にはある。その点、相談し、いろいろと話し合い、あれやこれやして結論にたどり着くやり方は、なんとなく肌に馴染むし、安心できる。それがわれわれ日本人の感性である。

聖徳太子は十七条の憲法で「和を以て貴《たっと》しとなす」と言われたが、「和」とはこれなのである。和は日本人の伝統的な感性であり精神であることを、『古事記』は示しているのである。

伊耶那岐・伊耶那美の相談を受けて占いを立てた天つ神は、「あなにやしをとこを」と女が先に言ったのがいけなかったのだ、という答えを出す。こういうことに女が積極的ではいけない、女はあくまでも受け身で男が積極的に振る舞わなければならない、そういうふうにもう一度やり直しなさい、と言う。

伊耶那岐と伊耶那美は天つ神のアドバイスにしたがって、セックスをやり直した。すると今度は丈夫な子、つまり国土が次々と生まれた。こうして大八島といわれる日本の国土は誕生したのである。

これが『古事記』が物語る国生み神話である。どこの国にも神話はあるが、どれもその民族の願望、望ましい生き方をすり込んで作られるものである。なんとも大らかではないか。ここに現れている男と女の関わり合い、セックスのとらえ方のなんと伸びやかなことよ。欲望の先端だけを過剰に刺激することに終始している退廃《たいはい》した現代の性のあり方の卑《いや》しさが、浮《う》き彫《ぼ》りになってくる。日本人はこんなにも伸びやかで大らかで健康な男女観、セックス観を備えていたのだ。これが日本人の伝統的な価値観なのだ。

男と女のあり方についても、『古事記』はビシッと示してくれる。内を担う女は受け身が特性である。外に向かう男は積極的でなければならない。男と女がその役割を踏まえ、特性を十分に発揮して振る舞うとき、物事はうまくいき、世の中が滑らかに回転していくことを、われわれの先祖は教えてくれているのである。

いま、日本人は改めて古典に学ばなければならない。

生物の世界の標準表示も、雄は♂で「攻め」、雌は♀で「受け」となっている。いたずらに性差別撤廃を口にするジェンダーフリー論者はこれをどう見るか。男女共同参画社会は正しい。しかし、すべてにそれを振りかざして性差別撤廃を叫ぶジェンダーフリー論者は国家社会を破滅に陥れる元凶でしかない。

戦後の不思議

靖国参拝の奇妙さ

私が靖国神社にお参りする気持ちには二つのことがある。

ひとつは、私は生き長らえて拾いものの人生を生かしてもらっている。国民のために命を捧げ国家に殉じた先輩たちに、同じ志を抱きながら遅れをとってしまった。若僧とはいえ私は職業軍人なのに生き残り、一般の兵隊さんがたくさん戦死している。それを考えるといまでも申しわけない気持ちに襲われるのだ。これは理屈ではない。細胞の一つひとつに沁みついた、どうしようもない感情である。

もうひとつは、日本がいまあるのは国に身を捧げた先輩たちの賜物《たまもの》である、という思いである。拾いものの人生を生かしてもらっているのだからなおさら、いまをもたらしてくれた先輩の献身に感謝し、日本のさらなる発展に力を尽くしていくことを誓う祈りである。

しかし、私は凡人である。このような気持ちも日常の多忙にとかく紛れがちになる。この気持ちを日々新たにしていくために、せっかく東京に転勤になったのだから、もう少しお参りの機会を増やしたいと思っていたのだった。

靖国神社から四キロ圏内なら、ひとっ走りも可能だから詣でる機会も増えるだろうという計算である。

ところで靖国神社参拝となると、奇妙といえば奇妙な話だが、八幡様にお参りする、お諏訪様に参拝するというのとは同列にいかない。どうしても思想的、政治的フィルターがかかる。

ことに総理大臣をはじめ政治家の靖国神社参拝となると大変である。中国や韓国・北朝鮮が声高に非難し、その尻馬に乗ったマスコミが、この参拝は公人としてのものか私人としてのものか、などと愚にもつかぬ質問を首相などに投げる騒ぎが何年も続いている。実際、首相の靖国参拝によって中国や韓国・北朝鮮との交渉事が中断し、外交関係がギクシャクするなどは再々である。考えてみれば、これは実に奇妙なことである。

一国のリーダーが国のために命を捧げた人びとに感謝し、その冥福を祈るのは当たり前のことである。どの国でも国のために命を投げ出した人びとを慰霊する施設を設け、大統領なり首相なりがお参りする行事を当然のこととしてやっている。それで周辺の国から非難が起こるかというと、そんなことはまったくない。首相の靖国神社参拝が近隣の国から非難されるというのは、極めて異例の現象なのだ。

確かに過去に、日本は朝鮮半島を併合した。中国と戦争をして大陸を戦火に巻き込んだ。そういう歴史がある。では、こういう歴史は日本と近隣諸国との間にだけあったことなのか。これもまた、まったくそんなことはない。

そういうことでは、ヨーロッパの国々などは地続きで国境を接しているだけに、はるかに激しい。そんな古いむかしに遡る必要はない。ここ二百年ほどをとってみても、ある国が隣国に攻め込んで支配したり、国境を接する隣国の領土を切り取ったり、ひとつの国を寄ってたかって分割してしまったりと、もう無茶苦茶な感じさえするほどだ。そのために国境線は絶えずあっちに動き、こっちに動きしている。

当然争いがあり、巻き込まれて被害をこうむった一般の人たちが大勢いた。また、どちらの側にも国のために命を落とした兵士がたくさんいた。どの国でもそういう人たちを慰霊施設に祀《まつ》っている。そして国家利益を代表する大統領や首相がその慰霊施設にお参りしても、その被害に合った国がけしからんなどと言ったりはしない。

どうして靖国神社参拝だけが問題になるのか。これはじっくりと考えてみる必要がある。考えることでいろいろな問題が見えてくる。

A級戦犯とは

中国や韓国・北朝鮮が日本の首相の靖国参拝を非難するのは、靖国神社にA級戦犯が祀られているからだという。A級戦犯は中国人民や朝鮮半島の人々に大きな苦しみを与え、厄災をもたらした張本人、戦争犯罪人である。その犯罪者が祀られている靖国神社を首相が参拝するというのは、彼らが中国大陸や朝鮮半島で犯した犯罪をよしとして認めることではないか。日本の歴史認識を問わねばならない。そういうことであるらしい。

機会があって、私はこの問題を韓国の知識人と話し合ったことがあるが、彼らの主張はまさにそれであった。

となると、A級戦犯とはなにか、ということになる。

終戦後の昭和二十一年一月、GHQは極東国際軍事裁判所条例を公布した。A・平和に対する罪、B・通例の戦争犯罪、C・人道に対する罪の三種類を設定し、これを裁くというのである。これに基づいて、BやCの対象となる被告は横浜をはじめ各国で開かれた軍事裁判で裁かれた。これらの被告はB・C級戦犯と呼ばれた。

Aの対象となる被告の極東国際軍事裁判は東京市ヶ谷の陸軍士官学校の講堂を使って行われた。これがいわゆる東京裁判であり、その被告となった人たちがA級戦犯と呼ばれたのである。

A級戦犯容疑者とされたのは全部で四十四人いた。戦時の首相だった東條英機をはじめ、戦争指導の役割を担った人たちである。東京裁判は昭和二十一年五月から二十三年十一月まで審理が行われ、下った判決は絞首刑が七人、終身禁固刑が十六人、禁固二十年が一人、禁固七年が一人、十九人は釈放された。この絞首刑になったA級戦犯が国のために尽くし犠牲になったということで、靖国神社に合祀《ごうし》されているわけである。

私が法学部の出身だから言うわけではないが、この東京裁判は法律的に見て矛盾だらけの、非常に無理のある裁判と言わなければならない。

そもそも国家が戦争をすることは罪でもなんでもない。戦争は国家間の紛争を解決する手段として国際法で認められていることなのである。国家が戦争することが犯罪だとしたら、イラク戦争を率先してやったブッシュ大統領やブレア首相は戦争犯罪人として国際法廷で裁かれなければならないことになってしまう。

それに国際軍事裁判とはどういうものかという問題がある。国際法ではさまざまな交戦規定を設けている。この国際法上の交戦規定に違反したものを裁くのが国際軍事裁判なのである。平和に対する罪などというものはどこにも見当たらない。見当たらないはずである。平和に対する罪というのはGHQが東京裁判を開くために、勝手に新しく設定したものなのだ。仮に百歩譲って、その時点で平和に対する罪が国際法に規定されたとしよう。だが、それでも東條英機以下A級戦犯の被告とされた人たちを裁くことはできない。それが立法された時点から過去に遡ってその法律を適用してはならないという不遡及《ふそきゅう》の原則は、法律の原理原則だからだ。これを罪刑法定主義と呼び、何人も実行のときに適法であった行為については刑事上の責任を問われない（憲法三十九条）。

東京裁判（正式には極東軍事裁判）開廷にあたり、清瀬一郎は弁護人を代表して「本法廷はいかなる法律に基づいて開廷するや」と冒頭質問を行った。それに対してウエッブ裁判長は答えられなかったという真実を国民に伝えたい。

たとえばの話、いまは禁煙・嫌煙運動が盛んで、あちこちの自治体で歩行中の喫煙や吸殻のポイ捨てを禁じる条例をつくっているが、仮に吸殻のポイ捨ては禁固一年といった刑法がいま制定されたとする。この刑法でもってポイ捨ての罪で逮捕できるのは現在ただいま以降であって、その一年前、五年前にやったポイ捨てを罪に問うことはできない、ということである。

それは当然だろう。法律がないときにやったことで、新しく法律ができたからと、とっつかまるようなことになっては、たまったものではない。

このように見てくると、東京裁判を成立させる根拠そのものがないことに気づく。すると、こんな根拠もない裁判で絞首刑や禁固刑に処せられたA級戦犯とはなんなのか、ということにもなる。根拠なしに絞首刑や禁固刑にした東京裁判そのものが犯罪ではないのか、ということにもなってくる。

昭和二十七年、四千万人の国民の請願に応えて、国会は与野党揃ってA級戦犯の名誉回復決議をし、絞首刑となった七人も法務死として恩給支給の処置までされているのをA級戦犯にこだわっている人たちはなんと心得ているのか。民主国家の国会で決議されたことは国家意志そのものであり、国民総意の決定というべきであろう。

占領下で「勝てば官軍」方式でやられた国際法違反をそのまま放置しておくのは国家の栄誉のためにあってはならないことである。戦争は国際法で認められてはいるものの、人類にとってあってはならないほど残酷なものである。戦場となった地域の悲惨さは想像を超える。八年間も戦場になった支那（中国）の国民には計り知れない迷惑をかけたことは確かだ。満州設計にもわが国の行き過ぎのあったことは認めざるをえない。こうしたことは素直に詫びる必要がある。

ただ大事なのは、詫びると同時に日本国として正しい主張を堂々と世界に発信することである。名誉回復こそ国家の大事であり、政治の国民に対する緊急義務である。

精神的「カルタゴの平和」

実際、東京裁判が行われている最中からさまざまな疑問が噴出していた。裁判は戦勝国である連合国などから十一人の裁判官が出て審理にあたったが、判決は全員一致ではなかった。なかでも明確に反対を表明したのはインドのパール判事である。この判決は戦勝国の感情にまかせた復讐であって、被告たちは無罪である、その過ちはやがて歴史が証明するだろう、といった趣旨のコメントをパール判事は出している。

「時が熱狂と偏見をやわらげたあかつきには、また理性が虚偽からその仮面を剝《は》ぎとったあかつきには、そのときこそ、正義の女神は、その秤《はかり》を平衡に保ちながら、過去の賞罰の多くに、そのところを変えることを要求するだろう」

というコメントがそれである。

このような矛盾だらけの裁判を、なぜ無理をしてやったのか。そこを突き詰めると、東京裁判を主導したアメリカの、日本に対する占領政策の根本が浮き彫りになってくる。アメリカはこの裁判によって日本に対して精神的な「カルタゴの平和」を実現しようとしたのだ、と私は思っている。

「カルタゴの平和」――紀元前六〇〇年頃から、北アフリカのチュニス湾に位置したカルタゴは、その地の利を活かして商業貿易で大いに繁栄した。やがては地中海世界を圧してローマ帝国と対立するようになり、戦争になる。それが紀元前二六四年から紀元前一四六年まで三次にわたって戦われたポエニ戦争である。

ポエニ戦争はローマ帝国の勝利で終わったが、戦勝国のローマ帝国の犠牲も大変なものだった。ローマ帝国は考えた。こんな大変な戦争をしなくても脅威にさらされることなく平和でいられるにはどうしたらいいか。

結論は明快である。カルタゴがなければいいのである。カルタゴがなければローマ帝国は戦争をしなくてもいいし、国益を脅かされることもない。

そこでローマ帝国はカルタゴの抹殺にかかる。徹底的にカルタゴの都市を破壊し尽くし、住民を皆殺しにするのだ。こうしてカルタゴは地上から消えた。だからいま、のちにカエサルが建設した都市の遺跡はあっても、あれほど繁栄を誇ったカルタゴの名残をとどめるものはほとんど残っていない。

カルタゴを徹底的に破壊し、抹殺《まっさつ》することによって、ローマ帝国の平和は保たれたというわけである。これが世に言う「カルタゴの平和」である。

太平洋戦争後、アメリカも同じことを考えた。太平洋の向こうに日本のような国がなければ、太平洋をわがものとして影響力を駆使することができる。第二次大戦ではドイツや日本を共通の敵として共産主義のソ連と手を組んだが、共通の敵が消えれば、次には共産主義と対立しなければならなくなるのは明らかである。そのためにも日本のような国はないほうがいい。

だが、紀元前の古代と違って、国際法が整備され情報が発達した二十世紀の現代である。ひとつの国を徹底的に破壊し、抹殺してしまうような蛮行は許されない。そこで物質的な破壊の代わりに、精神を破壊すればいいとアメリカは考えた。日本の伝統的精神を骨抜きにし、日本を日本たらしめているアイデンティティーをこなごなにすれば、日本を消してしまったのと同じである、と。

そのためには、日本人の心に大きなダメージを与える、インパクトのある演出が必要である。そこで行われたのが東京裁判である、と言うことができる。

裁判を通して日本の歴史を、精神を、すべてを否定してみせる。東京裁判はそのためにアメリカが演出した壮大なるショーだったのだ。だからこそ、アメリカは法律的な根拠がなくても、国際社会から疑念が寄せられても、無理に無理を重ねても、東京裁判を強行する必要があったのである。広島・長崎への原爆投下を考えただけでも、それが人類への計り知れない大罪だとするアメリカの良心があったはずだと私は信じたい。しかし、そんな大罪を犯してまでも、やっつけなければならない日本の悪さを設定し、演出しなければ、方程式は成り立たない。それが東京裁判だったのだ。

東京裁判によってアメリカは日本に対し、精神的な「カルタゴの平和」を実現しようとしたのだ。

ところで、カルタゴといえば日本とは妙な縁がある。一昨年、日本中がわいたサッカーのワールドカップ第三戦の相手はチュニジアであった。なんとこのチュニジアはカルタゴ滅亡後、そこに他民族によってつくられた国なのだ。あのとき、わが国では誰もこの歴史を説く人はいなかったが、神は昨年十一月、バレーボールのワールドカップでも日本にチュニジアと対戦する機会を与えてくれた。連敗していたチュニジアにまさか日本が負けるはずはないとの予想をくつがえし、チュニジアは日本をやっつけてしまった。この出来事は、今日の日本のような国家概念の薄い国の行き先を暗示しているように思えた。神の啓示とさえ言いたい。

いまこそ、「カルタゴの平和」が教えてくれていることを日本人はしっかりと認識する必要がある。

日本の精神骨抜き策

日本ではほとんど知られていないが、チェコの作家ミラン・クンデラの『笑いと忘却の書』に次のような一文がある。

「一国の人々を抹殺するための最初の段階は、その記憶を失わせることである。その国民の図書、その文化、その歴史を消し去ったうえで、誰かに新しい本を書かせ、新しい文化をつくらせ、新しい歴史を発明させることだ。そうすれば間もなく、その国民は国の現状についても、その過去についても、忘れ始めることになるだろう」

この一文はしっかりと胸に刻む必要がある。アメリカの占領政策を具体的に実施したマッカーサー元帥率いるGHQがやったことはまさにこれなのだとわかるだろう。

東京裁判と並行してなにが行われたか、具体的に見てみよう。

終戦直後の昭和二十年十二月八日（この日はその四年前、日米が開戦の火蓋《ひぶた》を切った日である）から十日間、GHQは各新聞に「太平洋戦争史」の連載を命じている。ミラン・クンデラが言うように、まったく新しい歴史を彼ら自身の手により綴って、日本国民に押しつけたのである。

同じ年の十二月十五日には「神道指令」が発せられた。神社に対する国の保護、助成を禁じたのだが、同時に「大東亜戦争」の用語を使用することも禁じている。「大東亜戦争」の用語には、アジア諸国を欧米の植民地支配から解放し、アジアの自主独立を勝ち取るという意志が含まれている。GHQはこの戦争の意義を否定し、消し去ろうとしたのだ。さらには昭和二十年の年末に、修身、日本歴史、地理の授業停止を指令した。まさに図書（歴史）を日本人から奪ったのである。

そして、翌二十一年二月四日には教科書検閲の基準が発表された。その内容をいくつか列記すると、次のようなものである。(一)「国家」「国民」「わが国」などの言葉の禁止。(二)国家的な英雄を扱ってはならない(これによって、たとえば日露戦争の英雄東郷平八郎元帥は教科書から消えた)。(三)立派な皇族がいたことに触れてはならない(天皇に関する言葉は一切禁止)。(四)国歌「君が代」や「祝祭日唱歌」を教科書から削除。

そのほか、GHQの占領政策を批判してはならない、東京裁判を批判してはならない、原爆投下を批判してはならないといった言論活動へ数多くの禁止事項、ラジオ番組や映画、出版への検閲と介入など、数え上げればきりがない。

昭和二十二年三月三十一日には教育基本法が公布され、五月三日には日本国憲法が施行された。GHQの意志と指令に基づくものであることは言うまでもない。

そして、昭和二十三年六月十九日、GHQの口頭命令によって教育勅語が廃止された。忠孝という日本の伝統に深く根ざした徳目が否定され、公に奉仕する心の尊さが葬り去られたのだ。

これらの施策の象徴として、東京裁判は強行されたのである。

ここに日本に対する精神的「カルタゴの平和」の策は完成した、と言って過言ではない。以後、教育基本法に盛られた個の尊重、個の平等がもっぱら強調されて日本人の頭を洗い、教育勅語の眼目であった家を基盤とした和の精神、公の精神こそが戦前の間違った道を歩ませた元凶のごとく説かれ、やがてそれらの概念は置き去りにされ、忘れられていったのだ。

主権国家としての自覚を持て

戦争直後、「一億総懺悔《ざんげ》」ということがしきりに言われた。日本はなにもかも悪かったのだ。悔い改め、過去を清算しなければならない、という意識が日本全土を蔽ったのだ。そして同時に言われたのは、「新日本建設」である。過去の歴史や伝統は消し去って、まったく新しい国として日本をつくるのだということである。

日本に精神的「カルタゴの平和」を実現するというアメリカの占領政策の反映である。

しかし、やがてアメリカは日本に対する「カルタゴの平和」がやりすぎだったことに気づく。

第二次大戦後に鮮明になったのは、共産主義と自由主義のイデオロギー対立である。具体的にはソ連を盟主とする共産圏とアメリカを核とする自由陣営の東西対立の激化が表面化したのだ。それは昭和二十五年六月二十五日、北朝鮮が韓国に攻め込んで引き起こされた朝鮮戦争によって火を噴くことになる。

アメリカが日本への占領政策のやり過ぎに気づいたのも、具体的にはこの朝鮮戦争だったと言える。東西対立が激化すると、自由陣営の仲間として自主独立している日本という国の存在がいかに大切かが、アメリカにはわかったのだ。そしてアメリカは、日本への「カルタゴの平和」をやめ、占領政策を転換するのである。

だが、ここで忘れてならないことがある。アメリカの政策転換にもかかわらず、日本国内に奇妙な逆転現象が起こったということだ。

日本国内には共産陣営に心を寄せ、味方し、自由陣営の核であるアメリカに反対する勢力があった。具体的には共産党や社会党などの左翼勢力である。

彼らは反政府運動、反米運動を展開した。そのとき、左翼勢力の理論や主張の柱となったのは、ＧＨＱが日本占領を遂行するために行った「カルタゴの平和」の数々だったのである。左翼勢力は憲法を楯にとって戦争放棄、非武装中立を唱え、教育基本法が謳《うた》い上げる個の尊重と平等を強調し、日本本来の歴史を回復し、伝統的精神を蘇らせようとする動きには「逆コース」のレッテルを貼り、日本をふたたび戦争の道に導くのかと非難して、ことごとく妨害した。それは反日活動だったと断じてもいい。

この左翼勢力の害毒はベルリンの壁が崩壊し、東西対立の冷戦構造が解消するまで続いた。いや、それはまだ終わっていない。いまもさまざまな場面に顔を出して、日本本来のあり方を阻害していると言える。

それはともかくとして、日本に大きな転機がおとずれた。昭和二十六年九月に開催されたサンフランシスコ講和会議である。そして、九月八日に平和条約が調印されたのである。この平和条約が発効したのが翌昭和二十七年四月二十八日。

それまで日本は連合国の占領下にあり、言論・思想の自由がゼロの国であったのだ。だが、占領に終止符が打たれ、日本は晴れて主権を回復し、名誉ある国家として独立したのである。

独立した主権国家であるならば、まずやらなければならないことがある。占領状態の清算である。その中心となるのは、主権がなかった占領下で公布、施行された法の検討でなければならない。憲法をはじめ占領下で公布、施行された数々の法律は、主権がない日本で占領軍が占領政策を遂行するために施行した臨時法という性格を基本的に持つ。独立した日本がそれらを主権国家にふさわしいものかどうか検討するのは当然のことである。それが国民の自覚というものであり、政治の義務である。

占領下にできた法律はすべて悪法だから廃止しろとか改定しろとか言っているのではない。ただ、独立したならば、それが主権国家としてふさわしいかどうかを検討し、独立国家日本の法として承認していく手続きは、絶対に欠かせないものだ。かつ主権国家として急がなければならない手続きである。

ところが、そのような動きはまったくなかった。ないことを不思議に思う空気もなかった。かくて、憲法をはじめ日本を国家たらしめる基本的な法律は独立後もそのまま継承され、今日に至っている。

そのゆがみはさまざまな場面に現れている。集団的自衛権があるのないの、交戦権はどうのこうのと、国家の根本である安全保障のスタンスさえ定まっていない現状が、その一例である。

占領の根本としてなされた「カルタゴの平和」が日本人の頭に沁み込み、したたかに効いていることを思わないわけにはいかない。それと自覚しないままに、日本人は「カルタゴの平和」に洗脳されてしまっていたのだ。

そしてそれは、いまでも消えていない。首相の靖国参拝に中国や韓国から抗議がくると、早々と頭を下げ、ペコペコしてしまう外交姿勢などは、「カルタゴの平和」にやられてしまっている典型である。

竹に上下の節あり

「竹に上下の節あり」という中国の故事がある。竹は上下の節があってこそ竹たりえているし、冬に雪が積もったときに折れないのは節あればこそ、と人生の節の大切さを説いた訓《おし》えである。

平成十五年は、ペリーが浦賀沖に黒船を率いてやってきてからちょうど百五十年。いわば節目の年である。ペリー来航の後に続く明治維新は、戊辰の役や西南の役での犠牲はあったものの、他国の革命を思えば奇跡的にほとんど血を流さず完遂した無血革命だった。もしもこのときにわれわれの先輩が正しい判断をしなかったら、いまの私たちはなかったことだろう。

明治維新はまさに日本の近代化の大きな節目である。近代日本の夜明けだから、これは当然である。そこから富国強兵策をかかげて、日本は日清・日露戦争に勝利し、五大強国にまでのし上がっていったのだ。この節目の勝利がなかったら、日本の歴史も、地球上の様子も、いまとはまったく違っていたであろう。くしくも平成十六年は日露戦争から百年の節目にあたる。

第二の節目は何か。それは終戦である。白色人種に大半が植民地化されていたアジアにあって、日本は有色人種の代表となって果敢に挑戦し、アジア諸国の植民地解放を果たした。しかし、わが国は敗れ、どん底に陥った。すなわち一九四五年、昭和二十年が日本の大きな節目であった。

そして戦後、「産業立国」をテーゼとして、ひたむきに豊かな国造りに努めた。経済諸団体も、業界団体も、いや政党までも保守合同して、この国家政策に協力してきた。政・官・業の鉄のトライアングルを組んで経済大国ニッポンを築いてきたのだ。言葉を換えれば、外国とまともな付き合いもせず、自国を自らの手で守りもせず、国家総動員法をかけて金儲けをしてきたと言っても過言ではないような戦後五十年であった。

こんな稼ぎぶりをヨーロッパの人たちはエコノミック・アニマルとさげすんだ。それほどの稼ぎぶりができたのは、まさに米ソ対立の冷戦構造という舞台があったからである。すなわち日本の「地政学的優勢さ」が富構築の最大原因であった。戦後、追いつき追い越せと日本人は皆、必死で働いた。その流した汗の努力よりも、この国の「地政学的優勢さ」のほうが富を築くのにはるかに大きな効果があったのだという確認が必要だ。

その神風がピタリとやむ日がやってきたのだ。GNPで世界の一七パーセントも占める経済大国になるのに極めて好都合であった冷戦構造は、一九八九年に突如として崩壊した。そして一九九一年にはソ連邦が崩壊し、ワルシャワ体制は瓦解した。この一九九一年が、日本にとって、前二者にも勝る歴史の節目なのだ。この年を境に、日本は本当の意味での自由経済の海原に飛び込んだのだ。それは真の大競争時代の幕開けだった。そんな大きなパラダイム(価値の枠組み)転換の年が一九九一年であった。

ところが、この大きな節目を認識していた人が当時どれほどいただろうか。皆が驕り高ぶり、現状を把握できなかったからこそ、バブル崩壊が起き、いまへ続く日本の混迷が始まったのだ。

大きな節目には必ず舞台回しがおり、必ず犠牲を伴う。先の二つの節目の時期には、明治の志士、マッカーサーがそれぞれ舞台回しの任にあたった。いずれも相当の犠牲（コスト）を伴ったことも歴史は教えている。では、三度目の節目にあたって、誰がこの舞台回しの役割を担うべきなのか。まず挙げられるのは明日が長い若者であり、中小企業であり、起業家であろう。意欲あるベンチャーが輩出し、国を活性化しなければ、日本の明日はないのだ。それを自覚することが、これからの日本を考えるには欠かせない重要な点だ。

節目を考えることはなにも国の行く末を考えるためにだけ大切なのではない。さまざまな組織にとっても非常に有益なものである。企業の場合であれば、創業者の誕生日や周年運動が社員にもお客様にももう一度自分たちの関係を意識する機会を与えてくれる。社会の最小の単位である家族の場合でも、子どもの誕生日や何かの記念日などの節目には自分たちがいまある基盤について再考することができる。

逆に節目を意識しないことは、教育の低下を招く。昨今の若者たちが大きな目標を持たず、ただ漠然と生活しているのは、歴史をそして節目を知らないことに原因の一端があると思う。生まれたときから周りがあまりにも満ち足りていてハングリー精神が育たない。そうなると生きる活力である求める心、つまり夢が描けないのだ。

さらに、あまりにも充足した環境にいると、「有り難う」という感謝の気持ちも薄まってしまう。「有り難う」というのは本来、普段なかなかしてもらえない「有《あ》ること難《かた》い」ことを誰かにしてもらったときに使う言葉である。すべてとは言わないが、いまの若い人たちは「有り難い」ことがなんであるかわかっていないように思う。

いま日本は大きな節目の時期にある。しかし悲観する必要はない。過去にはもっと大きな節目があったのだ。大きな節目は逆にチャンスと考え、皆、上を向いて歩いていけばよいと思う。節目を意識し、過去を振り返ることによって、現状をよりよくしていく。つまり、節目節目をうまく教育に使うことが大切なのだ。

おりしも今夏のアテネ・オリンピックで日本選手団は大いに奮闘し、誰も予想しなかった十六個の金メダルを獲得した。日本人の底力を改めて感じさせてくれた大会であった。彼らを見て、しっかりとした目標を持って惜しまず努力すれば必ずできるのだということを学んだ子どもたちは多かったのではないか。自分もオリンピックに出て金メダルを取る、という夢を描いた子どもたちもたくさんいたに違いない。このような機会をひとつの節目として教育に活用していくのも大事なことであろう。

そのためにも日本人は自覚的にならなければならない。「温故知新《おんこちしん》」（古きをたずねて新しきを知る）なる尊い教えがある。戦前と戦後の歴史をしっかりと理解することから、それは始まる。それが第一歩である。そうでなければ、日本人であることに誇りを持って二十一世紀を生き抜いていくことができるはずはない。

第二章 ◎ ジョギングの風景 ◎

大声礼賛

無心のご利益

朝六時を期して、私は走り出す。向かうのは、まず靖国神社。大鳥居までは指呼《しこ》の間である。大鳥居に手を合わせ、瞑目《めいもく》する。

神社であれお寺であれ、詣でて捧げる祈りにはいろいろあるだろう。「きょう一日を元気で過ごせますように」というのもあるだろうし、「家族が健康でありますように」というのもあるだろう。「彼（あるいは彼女）と結ばれますように」「志望校に合格しますように」「出世しますように」。なかにはもっとダイレクトに、「お金が儲かりますように」といったものもあろう。

どういう祈りでもいいと思うし、悪いとは思わない。祈るということは自分より確かな権威を設定する行為だから、心のかたちが謙虚である。だが、神仏への祈りは「困ったときの神頼み」という世の諺にあるような自分の身辺にとらわれたチマチマしたものより、できるだけ広い視野に立った、なるべく多くの人を包み込むようなものが好ましいのではないか。そのほうが自分の心をアウフヘーベン（aufheben＝止揚《しよう》する）する。

私の祈りは無心で、自分のことにかまけたものはほとんどない。口幅《くちはば》ったい言い方ではあるが、いまある日本の礎となった人たちに、国民を代表して祈りを捧げているといった気持ちが根底にある。そのせいだろうか。大きくかしわ手を打って一礼すると、清新というか清澄というか、潑剌と気がみなぎって、爽やかこのうえない。

靖国に参拝した後に味わうたとえようのない、お勤めがすんだような爽やかさは、神様から早速にくだされたご利益のように思える。

素朴な民族感情

首相の靖国参拝に対する中国や韓国・北朝鮮の非難については先に述べた。だが、それだけではなく、国内からの批判もある。そのひとつは、神道の宗教儀礼にのっとった首相の参拝は、憲法に定める政教分離に違反するというものである。

この批判を耳にすると、どうしても違和感を覚える。ピンとこないのである。というのは、毎朝靖国神社に詣でている感覚から出てくるものなのだが、神道は果たして宗教だろうか、という思いが私にはあるからだ。

宗教が宗教であるためには三つの要素が必要だという。それは、(一)教祖がいること、(二)教義(教典)があること、(三)戒律があること、だそうである。神道にはこの三つの要素が見事なほど欠けている。なかには神社によって、氏子《うじこ》はこれを食べてはいけないとか、あれをしてはいけないとか、禁忌《きんき》めいたものものないではないが、ある神社の禁忌がほかの神社ではそうではないという具合で、戒律と呼ぶほどのものではない。

「神道」という言葉が使われたのはかなり古いことで、『日本書紀』には四か所出てくるそうである。だが、それらは「迷信」や「邪教」といった意味で使われているふしがあって、現在の「神道」とは異なる概念だったようである。

日本に仏教が伝来した。これは先に述べた三要素を備えていて、立派な宗教である。日本人は仏様のありがたさを受け入れ、信仰した。だが、一方には八百万の神に手を合わせ、あがめる感情も強くある。この二つを矛盾なく融合させるために、日本人は素晴らしい知恵を発揮した。本地垂迹《ほんじすいじゃく》説である。

仏様（本地）がこの世に現れた姿（垂迹）が八百万の神であると考えたのだ。こう考えれば、仏様を信仰することと八百万の神に手を合わせることの間にはなんの矛盾もなくなる。

この本地垂迹説のような考え方を、日本人のいい加減さの現れと見る向きがある。しかし、融通無碍《むげ》というか柔軟というか、こういう考え方ができるのは日本人の伝統的な精神である「和」の発露であって、日本人の知恵の素晴らしさだと私は思う。この知恵があるから、不毛な宗教戦争などは日本に起こり得なかったのだ。

しかし知識が増えると、物事を整合性のある合理的な論理で貫こうとする性癖が人間にはある。明治初期に整合していた神仏を分離するために行われた廃仏毀釈《きしやく》はその現れと見ることができる。

次には国による「国家神道」への編成が行われた。すべての神社を保護し助成することによって、神道を国家の一元的な管理のもとに置き、国家宗教の体裁を整えたのだ。これは神道にとっても日本にとっても不幸なことだったと思う。太平洋戦争も末期になればなるほど、神道は国によって不合理な精神主義を煽る材料に利用されたのである。

戦後、占領軍は神道指令を発して国家神道の解体を図った。確かに国家神道は解体された。だが、拝殿の前に額《ぬか》ずいて手を合わせる日本人の素朴な心は解体されなかった。

昭和二十年八月十五日の朝日新聞社説には次の一節がある。

「今や不幸にして事志と違ふものあり、君国はしばし苛酷なる現実の制約の下に曝《さら》されることになった。恐らくは今後幾年か、はたまた幾十年か並々ならぬ苦難の時代が続くことを予《あらかじ》め覚悟してかゝらねばならぬに相違ない。しかし如何に困苦の時代が続かうとも、険岨の途が続かうとも断じてこれを意とすべきではない。挙国一致、国体の護持を計り、神州の不滅を信ずると共に、内に潜熱を蔵しつゝ冷静以て事に当るならば、苦難の彼方に洋々たる前途が開け行くのである」

「一億の臣子、いま未曾有《みぞう》の意義深き大詔を拝して覚ゆるところの感懐は俄《にわか》に筆舌の盡《つく》し難いものがあり、あるはたゞ自省自責、自粛自戒の念慮のみである。君国の直面する新事態について同胞相哭し、そして大君と天地神明とに対する申訳なさで一ぱいである。一億同胞の新なる勇気も努力も、ともにこの反省と悔悟とを越えて生れ出るものでなければならない。我が民族の優秀を信じ、豊なる希望を未来に繋ぎながら、誓って宸襟《しんきん》を安んじ奉らんとの決意を今こゝにまた新に堅くせんとするものである」

これが当時の日本人が抱いた普通の心情だった。君を敬い、天地の神々を崇拝していたのである。
当然だろう。私は毎朝靖国に参拝して感じるのだが、素晴らしい朝日に思わず手を合わせる、美しい夕焼けにわけもなく頭を垂れる、鎮守様の前を通りかかって何気なくかしわ手を打ち、気持ちが安定するのを覚える、そういう感情となんら差異はないのだ。

何事のおわしますかは知らねども
かたじけなさに涙こぼるる

これは西行が伊勢神宮に詣でた折に詠んだものである。なにかは知らないが大きなものに包まれている自分を感じて畏《おそ》れ多いと思う。そういうものに恵まれていることをありがたいと思う。それは四季移ろう豊かな自然に密着して暮らす日本人の素朴な民族感情なのだと思う。その感情の表現である祭礼儀式は日本人の根源的な民族文化なのだ。

世界遺産に組み込まれた熊野那智大社の朝日芳英《あさひよしひで》宮司は「神武天皇が熊野灘から那智の海岸に上陸されたとき、那智の山に光りが輝くのを見て、この大滝をさぐり当てられた」と社伝の内容を語り、「そのはるか昔から吾々の先祖はこの滝を聖なるものと見ていたに違いない」とつけ加えられている。

それどころではない。すべてを合理的に割り切る西洋の思想家や哲学者たちも、わが国の奥深い自然や、その自然と合一的に生きている民族文化に触れた途端、「カミ」を感じ感動しているのである。

大正十一年、かのアインシュタインが日本を訪れ、四十数日滞在し、伊勢神宮や日光を回ってその神秘性に感極まり、「世界は進むだけ進んで、その間、幾度も闘争が繰り返され、最後に闘争に疲れきるときが来るだろう。そのとき、世界の人類は必ず真の平和を求めて、世界の盟主をあげねばならぬときが来るに違いない。その世界の盟主は武力や金力でなく、あらゆる国の歴史を超越した最も古く、かつ尊い家柄でなければならぬ。世界の文化はアジアに始まってアジアに帰り、それはアジアの高峰、日本に立ち戻らなければならぬ。我等は神に感謝する。天が我等人類に日本という国を造っておいてくれたことを」とまで言ってくれている。ちょうど彼がノーベル賞を受賞した翌年のことだ。

また、フランスの思想家であり、ドゴール政権下で文化大臣を勤めたアンドレ・マルロー（André Malraux）は、皇居で昭和天皇に会い、すっかり日本の国柄に魅せられ、四回も来日した。最後は彼が世を去る二年前、七十三歳のときであった。熊野から伊勢神宮へと神の道を辿《たど》り、その過程で永遠と無常が織りなすひとつの世界観の啓示を受け、これこそが日本人の、日本文化の精神的支柱だったのだと気づいた。彼の研究家は「マルローにとっては、伊勢の巨大な松の木（杉の間違い）のあいだ、那智の滝の下、熊野のカミの道にこそ日本のもっとも深遠な秘密が隠されているのだ。この三つに共通するのは、儚《はかな》いけれど永遠だということだ」（木村克彦『マルローが見つけた永遠の日本』）と講じている。

迷える日本人よ、このような事実をなんと聞く。

神道と称されるものを宗教ととらえ、事改めて政教分離のなんのと騒ぎ立てるのはいかがなものか。自然のあらゆるものに神を感じ、うやまい、あがめる。この素直な感情は宗教というより日本民族の根底にあるものであり、それが日本文化を形成する根源なのである。大事にしていかなければならない。

私はそのように感じている。

弥生廟参拝

靖国参拝を終えて、また私は走り出す。次に向かうのは弥生廟である。

靖国神社を知らない人はほとんどいないだろうが、弥生廟を知る人は少ないのではないだろうか。これは非常に残念なことである。

田安門を入ってすぐ左の城壁の上、武道館の後ろにあたるところに弥生廟はある。これは警察官や消防士など、公のために身を捧げた人たちを祀る礼拝施設である。たとえば、浅間山荘事件では二人の警察官が殉職されたが、彼らもここに祀られている。

われわれの日常は警察官や消防士などの目に見えない日々の献身に支えられて平

安が保たれているのである。われわれの日常の安全を守るために身を捧げる尊さは、靖国神社に祀《まつ》られている軍人兵士たちに劣るものではない。靖国と同様に顕彰されていいし、参拝されていい。

だが、関係者以外に弥生廟はほとんど知られていない。したがって、お参りする人も少ない。通りかかる人がいても、弥生廟のなんたるかを知らずに行き過ぎてしまう人がほとんどである。繰り返すが、誠に残念である。

だからなおさら、私は国民を代表する気持ちになって弥生廟にお参りする。直ぐなる気持ちで感謝の祈りを捧げる。靖国に続いて弥生廟にお参りし、爽やかな気分は倍加する。朝の仲間たちにこのお社を教え、皆がお参りしてくる。

（最近、今上陛下がこの弥生廟にお詣りして下さった〈大堀元警視総監証言〉という この上ない嬉しい情報を耳にした。）

弥生廟を離れて奥に進む。榎《えのき》、公孫樹《いちょう》、楠《くすのき》、タブの木、スダジイ、栃の木、ヤマモモ、檜《ひのき》、欅《けやき》など数々の大木に蔽われた道である。そのあたりは緑の空気が漂っているかのようである。

ここをくぐり抜け城の石垣に登れば、対岸は皇居であり、右手は千鳥が淵墓苑である。太平洋戦争で散った二百十万余柱のうち、縁故のない三十数万柱を祀っている。このあたりは皇居周辺ではもっとも景色がいい場所だと思う。

その先端に立つ。対面には皇居の石垣の城壁がそそり立っている。私は大きく空気を吸い込み、臍下丹田《せいかたんでん》に力を込め、城壁の上に茂る樹木のさらに向こうにいらっしゃる天皇皇后両陛下に届けとばかり、大声で叫ぶのだ。

「ヤッホー！」

三回叫ぶ。声をかぎりに、である。最近は斉藤さん、川上さん、塩田さんという三人の内弟子ができた。騒音防止法が気になるほどである。

最初の頃は、なにごとならんと警備の警官が押っ取り刀で駆けつけたものだった。この頃でも、任務交代になったのだろう新しい警官が警備についたり、昭和天皇の大喪のときなどで警備が強化され他の所轄から警護にやってきた警官だったりすると、やはり声にびっくりして駆けつけてくる。

だが、千鳥が淵界隈《かいわい》に響く私の雄たけびは毎朝のことである。いまでは風物詩と化した感があって、警備の警官も、挙手の礼をして挨拶してくれる。出張などで毎朝のジョギングがやれなかったときは、じいさんになにかあったのではないかと向こうが心配しているのではないかと、勝手に思ったりもしている。

大声の効用

大声で叫ぶ。この効用は計り知れないものがある。

大声を発するには、まず大きく息を吸わなければならない。これがいいのである。瀕死の重病人に深呼吸をさせると、それだけで蘇るという。体に空気を吸い込んで酸素を補給してやることは、それぐらい体を生き生きさせるものなのだ。

吸い込んだ息を声とともに腹の底から一気に吐き出す。そのとき、横隔膜が激しく運動し、声帯が震える。これも健康にいい。横隔膜の運動が内臓を刺激し、活性化させるのだ。

これは大声を出すことの身体に及ぼす効用である。

だが、大声の効用はこれだけではない。精神に計り知れないいい作用をもたらすのだ。フラストレーションが一気に解消する。これである。

ストレスは万病の素である。だが、大声で発散していると、ストレスの積もりようがない。やってみればわかることだが、心身ともに爽快なることこのうえもない。内弟子の三人もこの素晴らしい体験で「これをやらないと今日という日が明けない」とまで言うようになった。

陸軍士官学校は三百六十五日二十四時間、規則づくめ規律づくめだった。いくら愛国心に燃えているとはいえ、まだ十代の少年である。ストレスが溜まらないはずがない。だが、不思議にそれはなかった。

考えてみると、陸士では大声で号令を発する発声訓練を朝な夕な、熱心にやった。これを号令調整と言った。陸士を卒業すると、多くは指揮官として最前線に立つのである。作戦は指揮官の号令によって遂行される。また、指揮官が号令によって下す命令には部下の命がかかっている。号令が部下に届かなかったり不明瞭だったりしたら、指揮官の任務を果たせない。そのために盛んに号令調整が行われたのだが、

爽快このうえない号令調整、「ヤァッホー」と3回大声を出す

これがストレス発散にもなって、精神にいい作用をもたらしていたようである。あるいは軍はそのことを知っていて、効用を計算のうえで号令調整をさせていたのかもしれない。

現代はストレスの積もりやすい社会である。私がビール会社でシェア競争の第一線に立っていた頃は、毎日が激烈で厳しかったが、いまから見るとのんきな面もないではなかった。

社長から発破《はっぱ》がかかる。それに対して、とりあえずは「はい、頑張ります」と答えておけばよかった。月次の結果が出るようになったのは後々のことで、はっきりとした答えは年度末にならなければわからなかったからである。それだけ時間的余裕があり、裁量の余地があった。

だが、いまはそうはいかない。一日一日はもちろん、時間単位、分刻みで結果が出るようになっている。一瞬も気が抜けない。ストレスも溜まろうというものである。

ところが、日常のなかで大声を発する機会は滅多になくなった。これがよくない。

といって、むやみに大声を発すれば、気が触れたか、変なやつと思われるぐらいが落ちである。時と所と場合を選ばなければならない。そこが工夫のしどころである。日常のなかにぜひ大声を発する機会を見つけて、一日に一度は大声を出すように心がけたいものである。斉藤さん、川上さん、塩田さんという北の丸の弟子は、私とやる号令調整のおかげで人生が変わったとまで言っている。

大声はストレス発散の効用だけではない。大声で叫ぶと精神が高揚する。高揚した精神は感動を呼びやすい。つまり、大声を出すことは感動する心を準備していることでもある。それなのになんとコストはゼロ。つまりただなのだ。不景気など大声で吹き飛ばすべし。

感動ほど生命を生き生きさせるものはない。人間は感動できなくなったら、干からびていくだけである。

ところが一方には、大声は下品と見なされる面もある。確かにパーティーなどで大声で話すと、傍若無人、あたりを憚らぬ無礼なやつということになってしまうことが多い。

これも時と所と場合をわきまえなければならないことだが、私は、自分が大声だから言うわけではないが、人間は小声で話すより大声で話したほうがいいと思う。

悪代官と悪徳商人が額を寄せ、

「三河屋、お主も悪よのう」

「いや、お代官様にはかないませぬ」

そして、フッフッフとなるのは時代劇の定番だが、この種の会話は声をひそめてなされるのが普通である。大声で闊達《かったつ》になされることなどあり得ない。

よからぬことを企《たくら》むとき、人の悪口を言うとき、恥ずかしいとき、自信がないとき、人間は小声になるのである。逆もまた真なりで、人間小声でばかり話していると、どうしてもよからぬことを思い、恥ずかしいことを行い、何事にも自信が持てなくなりがちである。人間が小さくなる。

その反作用というわけではないだろうが、大声で話すと公明正大、闊達な気が満ちて、親密な感情が溢れてくる。時と所と場合だけでなく、相手にもよりけりだが、大声で話す機会をなるべく多く持ちたいものである。

あけぼの会

北の丸公園

皇居に向かって、大声で「ヤッホー！」と叫んだ。

靖国神社と弥生廟に参拝して爽快なうえに、大声の発声で気分はまことに晴れやかである。こんないい気持ちで一日を始めることができるのは、いばる形をともなわない心の優越をたくさんいただける。なんと幸せなことか。

朝ぼらけのなかに緑豊かに浮かび上がる多くの植栽。四季を通じて咲き乱れる花々。広がる芝生。東京の都心とは思えない素晴らしい空間である。

ここは明治七年に創設され、昭和二十年に終戦によって歴史の幕を閉じた近衛歩兵第一連隊、同じく第二連隊の、いわば兵者《つわもの》どもの夢の跡である。それだけに若き日に職業軍人を目指した私にとっては一木一草にも感慨深いものがある。

靖国神社のお膝元というだけでなく、ひとっ走りすればこんな素晴らしい場所に行けるところに住めるのは、幸福と言わなければならない。

北の丸公園は国のものであり、環境庁所管である。だから、樹木の一本一本も国有財産で、幹には番号をふった札がつけてある。しばらく公園内を走ると、No.39の札をつけたスダジイの木に出会う。その枝ぶりが私が飛びつくのに格好なのだ。この国有財産を利用させてもらって、懸垂に取りかかる。回数は五回である。もっと多くやる気になればやれるだろうが、私は七十代の終わり近く、八十代はすぐそこである。やはり年齢というものを考えなければならない。しかし、この年齢で懸垂五回は、まずちょっとしたものではないだろうか。

この頃になると、北の丸公園に人影がチラホラするようになる。神田方面から、

スダジイの木の枝にぶらさがって懸垂5回

あるいは神楽坂方面から、さらには市ヶ谷方面から、それぞれにジョギングやウォーキングでやってきた人たちだ。年輩者がほとんどである。

懸垂を終えて、私は芝生の広場に出ていく。

けじめの挨拶

靖国神社と弥生廟への参拝。大声の発声。そして懸垂。ジョギングに伴う毎朝の行事の前半は、これで終わった。

北の丸公園の芝生の広場には三々五々に人びとが集まってきて、大分頭数が増えてくる。有名な大学教授の外山滋比古さんもいる。飲食店の吉成社長さんはこの会のまとめ役だ。往年鳴らした女優さんもいた。女の元小学校長さんもいれば、家族より愛犬が大事と宣うお医者さんもいる。靖国神社の宮司さんもいる。元首相の村山富市さんの顔もたまに見える。なんとしても嬉しいのは元総理大臣であろうが大会社の社長であろうが、ここに来たらまったく関係ないところだ。まっ平らなところが素晴らしいのだ。

みんな顔見知りである。元気よく朝の挨拶を交わす。私の声はひと際大きい。ここでも大声の効用を確認することになる。私の挨拶でみんなが活気づくのが感じられるのだ。朝の活気はその人の一日を活力あるものにするだろう。私の大声もなにほどかは人の役に立っているということである。

なかには嬉しくなって、握手を求めてくる人もいる。相手が何歳であろうと女性との握手はいいものである。だから、周りの女性とは積極的に握手する。それでも、いまはやりのセクハラなどとは誰も言わない。

広場に着いたら倒立（逆立ち）をする。地球を担いだとの思いになる。往時、潰れそうなアサヒビールなど担ぐのはいと軽《かろ》しと思いをつなぐ。笑う人はあっても、まさか怒る人はいまい。

ラジオ体操の音楽が鳴り響く。毎朝ラジカセを運んできてくれる区議の市川宗隆さんがいる。体操はいい加減にしかおやりにならないが、三百六十五日欠かさず、必ずラジオは運んでくれる。こういう人がいるから、北の丸公園の朝の集まりは続くのだ。感謝しなければならない。

こうして、朝の行事のメーンイベントともいうべきラジオ体操が始まる。

季節によって異なるが、この頃になると明るんでいた東の空に太陽が姿を現す。そこから朝の北の丸公園のラジオ体操の集まりは「あけぼの会」と名づけられた。この「あけぼの会」の名の由来がふるっている。源氏物語とならび平安期の二大作品のひとつと言われる清少納言《せいしょうなごん》の「枕草子《まくらのそうし》」に名を借りたのだ。

春は曙《あけぼの》。やうやう白くなりゆく山際《やまぎわ》すこし明《あか》りて、紫だちたる雲のほそくたなびきたる。

朝の恒例行事「逆立ち」、地球をかついだ気分

初春の頃、「北の丸公園」の朝は東の方《かた》ようよう白くなり、段々あかね色になっていく。すっかり清少納言になったような気分で名づけられた由緒深い「あけぼの会」なのだ。

あけぼの会の歴史は古い。初代の会長は法務大臣をなさった長谷川峻さん。背骨にピンと筋金の入った明治の男の典型的な人で、楽しい人だった。次が界隈の町会長の宇野さん。そして、現在ただいまの三代目が私ということになっている。

朝、北の丸公園に集まってくる人たちで多分に自然発生的にできたもので、みんなでまとまって、他に迷惑をかけないという程度のルールを守って楽しくラジオ体操をやりましょうということだから、来る者は拒まず去る者は追わず、極めて自由な集まりである。だから長く続いてもいるのだろう。

ラジオ体操が終わると、号令をかけて挙手の礼をし、朝のけじめをつくって解散となる。最近、女性たちも参加するようになった。朝のひとつの風物詩とも言えよう。

この最後の一礼は私の提案で始まった。というと、また陸士あがりの軍隊調が顔

「あけぼの会」の朝のけじめ、号令をかけて挙手の礼

を出したな、と思われるかもしれない。確かにこれは陸士で学んだものである。

人間はともすれば惰性に流されやすい動物なのである。昨今はいずこでも改革の叫び声が盛んだが、かまびすしいわりに改革が進んでいないのが現実である。これは惰性に陥りやすい人間の性向がいかに強いものかを示している。

そこから人間を救うのは、これがすべてとは言わないが、けじめである。どんな小さなことでも始めと終わりにきちっとけじめをつける。それが毎日にメリハリをつけ、惰性に陥ることから免れさせてくれる。けじめをつける手段のひとつは挨拶である。そこに挨拶の大切さの意味がある。

けじめをつける。けじめの挨拶をしっかりとする。このことをいい加減に扱うのは、惰性に流されやすい人間の弱点に対する自覚がないからである。

気持ちの持ちよう

終わりの挨拶をすれば三々五々に解散となるのだが、私にはまだやることがある。腕立て伏せである。これを五十回やる。

この歳で腕立て伏せ五十回というのは、ちょっと誇っていいことではないだろうか。もっとも、ある年齢からにわかに腕立て伏せに取り組んでも、こうはいかないだろう。腕立て伏せは若いころから続けてやっている。ちょっとした場所さえあれば簡単にできるから、それと意識せずにやってきたのだ。おかげで五十回はいままでも苦もない。まさに継続は力なり、である。

私の腕立て伏せはあけぼの会のちょっとした名物で、散りかけた足を止めてくれる人もいる。そして、毎朝のことだからさほどの感興でもないだろうが、お愛想に感嘆の声を上げたりしてくれる。これが嬉しい。また、年を考えろよと言って忠告してくれる仲間も出てはきたが……。

私も寒い寒い厳冬の日など、出席した人たちを褒め、そして励ます。

「やってみせ、言って聞かせて、させてみて、褒めてやらねば人は動かじ」と言ったのは山本五十六海軍元帥である。人は人によって評価されることによってやる気を出し、努力する気になるものなのだ。褒める。評価する。これは人を発奮させ、育てる要諦である。

そして、この対象になるのは子どもや若者だけにかぎらない。いくつになっても、年老いても同じである。

私には靖国神社と弥生廟にお参りするという自分に課した行事があることもあるが、毎朝のジョギングとラジオ体操を習慣とするまでになったのは、やはりみんなとやるということが大きい。もしひとりだったら、こんなに続いたかどうか。みんなでやることの効用だろう。

みんなでやると言えば、貴重なアドバイスをいただいたこともある。私より五歳年上の宝塚の先輩から、ジョギングで前に進むのばかりが能ではない、足踏みもいい運動になるのだ、一日に二百歩足踏みするようになさい、と勧められたのである。五歳年上が二百歩なら、それより若い私は三百歩だと決めてやってみた。これがよかったのである。健康とか体を鍛えるとかいう点での効果はどれほどのものかわからないが、精神的には大変効き目があった。

というのは、私はせっかちなのである。せっかちはさほどの欠点とは思わないが、といってせっかちで得することもない。座禅でも組めばいくらかは修正されるのかもしれないが、これまでそんな時間もなく過ごしてきた。

たとえば朝のジョギングである。北の丸公園に行くには九段下の大きな横断歩道を渡らなければならない。ジョギングして交差点に近づき、横断歩道に踏み込もうとする直前に信号が黄色に変わったりしたら大変である。信号機のランプが赤になり、ふたたび青に変わるまで待たなければならない。その時間の長いこと。イライラして、どうしてもっと短時間でパッパッと信号を切り替えないのかと毒づきたくなる。

私の事務所はマンションの十一階にある。その昇り降りのエレベーターさえ、なんとなくモヤモヤしてくるほどなのだ。

だが、足踏みを励行するようになって、積年の悩みは一挙に解決したのである。横断歩道の手前で信号が赤になっても、焦ったりイライラすることはない。逆に、シメた！　足踏みができる、と思うようになるから不思議だ。信号待ちの時間がたっぷりあれば、百六十歩ぐらいはゆうに稼げるのである。エレベーターの昇り降りも軽く七十歩はいく。一日三百歩の足踏みなど、ものの数ではない。

気持ちの持ちようとよく言う。だが、気持ちの持ち方を自在に動かすのは、私のような凡人には至難の業、というよりも、まず不可能と言っていいだろう。せっかちを変えることはできない。だが、せっかちを具体的な行動で代替すれば、気持ちのあり方は容易に変えることができる。

足踏みで学んだことである。

飢餓は快楽を倍加する

五十回の腕立て伏せが終わると、いよいよ総仕上げである。けじめの敬礼で私たちの朝の行事は全部終わりとなる。いい気分である。爽やかである。

朝食は午前八時。これは家内との約束である。

午前四時に目覚めてからそれまで、私が口に入れたものは水だけである。運動はたっぷりやった。空腹を覚えて不思議はない。しかし、快い空腹感である。それだけに食事はおいしい。私の朝食は人が見たら、驚くほど量が多い。目覚めてから四時間、なにも食べずに運動をしたのだから、これぐらいは当然、と自分では思っているのだが。

もっとも最近はさすがにご飯のお代わりはしなくなった。一杯だけである。その代わり、おかず、ことに野菜はバリバリという感じでものすごく食べる。自分の分だけでは足りず、私の箸が家内の領域に侵入していくこともしばしば、という具合になる。

食べる楽しみ。これは人生の重要な柱だと私は思っている。人間に与えられた欲望のうちのひとつ。これを満足させなくてなんの人生ぞ、とさえ思っている。

欲望を楽しみ、満たすためには、適度の飢餓感があったほうがいいようである。終戦直後は食糧難で、グルメなどははるかに遠い話、口に入りさえすればなんでもいいという状態だった。だが、あの時期、なんであれ食べてまずいと思ったことはほとんどなかったような気がする。なんでもおいしかった。

ところが最近は、かなり結構なものを食べても、さほどおいしいと感じないことがしばしばある。常に満たされていることの報いだろう。

このごろ、講演の機会が増えている。以前は慣れないせいもあったが、講演中によく水を飲んだ。だが、最近はまったく飲まない。講演が二時間以上に及ぶこともあり、そんなときはいささか喉の渇きを覚えるが、それでも飲まない。というのは、ひとつの快楽を知ったからだ。

それは、おいしいビールを飲むという夢実現のための挑戦であった。喉の渇きを感じながら講演を終えて演壇を降りる。控え室などに下がる。そこでキューンと冷えたアサヒスーパードライをキューッとやるのだ。このおいしいこと。とても言葉にできるものではない。

このように、講演中一切水を口にしなくて平気の状態になるまでに三年という月日を要した。「念ずれば花ひらく」という。何事も大きく夢みることが大切だ。

それにしても、講演後に一気に飲み下すアサヒスーパードライのなんたるおいしさ。まさに絶品である。この快楽を知ってから、講演にもさらに熱が入るようになった。

耐える。辛抱する。我慢する。飢餓感を覚えるまで堪えて、一気に解消する。これは快楽をより深く味わうための秘訣である。なにも食べることにかぎらない。すべての苦しみは快楽のためにある。こういう方程式が成り立ちそうである。

そう言えば、菜食主義をとる人たちがいる。これが私にはよくわからない。動物性の食べ物を絶ち、菜食一辺倒でしばらく過ごし、そののちに肉食などのおいしさを堪能するというのならわかるが、そういうことではないらしい。

肉食のおいしさを知らずに一生を終わるのは、プアーな人生にならないだろうか。いったいどういう魂胆なのか、一度じっくり菜食主義者の考えを聞いてみたいものだ。

そもそも「主義」というのは、用心してかかる必要がある。政治でも経済でも生活でも、なんでもそうである。

物事にはすべて、ひとつの枠に収まりきらない部分が必ずある。だから「例外」という言葉があるのである。だが、「主義」は例外を認めない。認めまいとする力学が働く。そこに無理が生じる。「主義」はその無理を押さえ込み、あるいは無視し、さらには詭弁を弄してでも正当化を試みる。ナントカ主義者という人たちがともすればストイックになり、頑《かたくな》に偏し、偏狭に陥るのはそのためである。

その極端な典型が原理主義者である。人間の長い歴史のなかにはさまざまな原理主義が登場したが、原理主義でうまくいった例はひとつもない。共産主義は政治経済面での原理主義と言えるが、その破綻《はたん》はまさに好例である。

フランス革命では、人類の幸せは「自由」「平等」「博愛」と叫んだ。フランスの国旗の三色旗はそのテーゼを表現したものだ。やがてマルクス、レーニンは人類の幸せのために「自由」や「博愛」という宗教じみた要素はいらない、「平等」をばら追求していけば必ず幸せになれると説き、一九一七年ロシア革命を成し遂げた。「鉄のカーテン」と称して情報を遮断し、「粛清」と称して他の考えの人たちを大量に虐殺した。まさに原理主義そのものと言える七十三年間の実験の末、一九九一年、その実験の主舞台であったソ連邦は国家すら崩壊してしまった。

また、昨今は宗教面での原理主義が盛んだが、それは地球の平和を乱し、不安をばら撒くことにしかなっていない。

物事には必ず例外があり、ひとつの枠に収まりきらないモヤモヤしたものが必ず残るのである。これにどう対処するかが人間の知恵の出しどころになる。柔軟な対応が欠かせない。

そのとき有効なのは、日本の伝統である「和」の精神ではないだろうか。二十一世紀こそ日本の出番である。「和」の精神をグローバルスタンダードにしていかなければならない。そんな気がしきりにする。

朝食から話がだいぶ逸れてしまった。私が食べる量を見たら、人は食べ過ぎだと思うだろうが、私は適度に満たされた感じで朝食を終わる。

私の朝はここで終わりである。

ふたたび事務所に移動する。本格的な一日の始まりである。

寝るほど楽はなかりけり

このすこぶる快適な朝の行事に家内をつき合わせることはできないか、と、あるとき考えた。

すでに述べたように、私は朝が早い。四時前後には眼が覚め、水かお茶を一杯飲んで作業に入る。約一時間は各種の新聞の切抜きをし項目別に整理する。原稿も朝のほうが二、三割効率がいいのも経験上、確かと言えよう。それから事務所に移り、前日秘書の整理してくれた書類の処理をする。六時ちょっと前に靖国神社に向かう。

次は田安門脇の弥生廟に詣でる。そして一時間の朝のトレーニングにかかる。

それをこなして帰宅してもなお、わが女房は白河夜船がしばしばなのである。異常なほどの低血圧で、夜に強く朝がメッポー弱い。私より三才若いし、女性の平均寿命からして私が先んじてあの世に行くことはほぼ間違いないと思うが、それでもその確率を高めるためには、女房に朝の新鮮な空気を吸い、身体を鍛えてもらう必要がある。そう感じて、ある年、一計を案じたのである。

女性は平均的にケチだ。というと差別語と叱られる危険もあるので言い直すが、女性は物を大事にする。であるから天下一の靴をプレゼントしたら、もったいなさの想いが眠気を覚まし、家内の朝の運動が始まるのではないか。私はそう推量した。そしてそれはズバリと当たった。

まんまと罠にかかったように、朝に弱い家内がピンクの立派な靴につられて朝の運動に参加し始めたのだ。牛に曳《ひ》かれて善光寺参りならぬ、靴にひかれてジョギングか。ふとわが企みの成功とこれからの夫婦ふたりの健康への期待に心の中で快哉を叫んだ。

ところが、である。女房の朝は三日しか続かなかった。物を大事にする心が薄かったのか、血圧が人並みすぐれて低かったのか、朝の魅力がつかめなかったのか……臆するところなく宣うて曰く。

「寝るほど楽はなかりけり　浮き世の馬鹿（私に対する表現ゆえ、朝の仲間よ、お許しあれ）は早起きして走る」と。

かくして私のはかりごとは見事に砕け散ったのであった。嗚呼。

しかし世の人たちよ、迷うことなく「日々朝晩運動すれば病なし」という貝原益軒の「養生訓」の言葉にしばし耳を貸したまえ。

慎独《しんどく》

若者とゴミの山

爽やかな朝ばかり続くとはかぎらない。不快に染まり、腹立ちがこみ上げる朝も結構ある。

私の朝のジョギングコースである北の丸公園には日本武道館がある。ここで行われる催事は盛りだくさんである。

三月四月はいろいろな大学の卒業式入学式で目白押しである。卒業生も新入生もそれぞれに華やいで初々しく、思わず微笑を誘われる。

武道館だから当然武道の催しも行われるし、そのほかのスポーツ大会もある。だが、なんと言っても多くの観客を動員するのは芸能のイベントだ。私はそれがどういう芸能人なのか見当もつかないことが多いのだが、人気のあるスターらしく、夜の開場なのに朝から、ときには前の晩から若者たちが長蛇《ちょうだ》の列をつくっていることもある。コンサートなどのイベントに押しかける若者たちを見ていると、この旺盛な行動力はとても大人がかなうものではないと実感させられる。この行動力を学業や仕事に振り向けたならば、いかにすぐれた業績を上げることができるかと思わないでもないが、これは余計なお節介か。

まあそれはともかく、問題は翌朝である。早朝の北の丸公園に赴いてみよ。大袈裟ではなく、武道館の周辺一帯がゴミで埋まっているのである。若者を集めたイベントほど、その度合いが激しい。ジョギングをしていて、足の踏み場もないという表現そのままのような朝もある。打ち捨てられたゴミのなかにアサヒスーパードライや三ツ矢サイダーの空き缶を見つけたりすると、自分が恥ずかしいことをやったような気持ちに襲われる。

空き缶やペットボトルをお濠に投げ捨てる者も多い。清掃係の人が命綱をつけて壕の急傾斜の土手に降り、苦心してゴミを拾い集めているのを見ると、次第に怒りがこみ上げてくる。

自分の部屋や家の周りにこんなにゴミをポイポイと捨てるだろうか。捨てるはずがない。自分のところでやらないことは、ほかのところでもやってはいけない。そんなことは誰でも弁えているはずである。だが、それを公共の場では平気でやる。しかも、誰がやったかわからない場合にかぎってやる。人間の性根が卑しくなっているというほかはない。

わからなければ

聞くところによると、インターネットなどで誰もが自由に書き込みができるようなところでは、実にひどいものがあるという。誹謗中傷、汚い言葉の雨あられ、便所の落書き同然で読むに堪えない書き込みが多いという。長崎・佐世保の小学六年生の同級生殺人事件でも、二人は自宅のパソコンを使って「チャット」上で「フレーミング」（炎上）と呼ばれる、聞くに堪えないような悪口や中傷を繰り返していた。これが日本の子どもの言葉かと疑いたくなる。

「人間の性根とはこんなにも卑劣で下劣なものだったのか。なんだか人間嫌いになりそうです」

コンピュータに精通している男がそう言っていた。

その書き込みをしたのが誰かはわからない。匿名性《とくめいせい》の陰に隠れることができる。そもそも自分の素性が明らかにならないことを前提にした書き込みなのである。だからこそ、なんでもありの好き勝手な罵詈雑言《ばりぞうごん》を平気で並べ立てることができるのだ。なかには学校や会社で嫌なことがあった腹いせに他人を貶めようとする輩もいるのではないか。本人にしてみればストレス解消の一環というわけだが、悪口を書かれる相手はたまったものではないだろう。もっとも、これは相手の痛みなどわかろうとしないからこそできること、いや、最初から相手を傷つけることを目的とした所業なのかもしれない。いずれにしても見下げ果てた行為ではある。

これはコンピュータなど電子機器による通信の特徴である。自分が誰かと明かされなければ、どんどん卑劣になり、そして下劣になる。わからなければなにをやってもいいし、なんでもやる。そういう人間の性向が電子機器などによって露《あら》わになり、時代の風潮にさえなっている、ということだろう。

この風潮と若者向けのイベントがあったときに武道館周辺を埋めるゴミの山とは、決して無関係ではない。

いや、若者ばかりではない。

役所で不祥事がある。民間会社で問題が発生する。病院で過失が起こる。すると、関係者が、

「申し訳ありませんでした」

と雁首《がんくび》を揃えて頭を下げる。これは最近のテレビでは見慣れた光景で、日常茶飯事になった感さえある。

雪印や三菱自動車などの事例をよく見ると、問題が起こるとまず最初には事を隠《いん》

蔽《ぺい》しようとする動きがあったことがわかる。隠そうとする。わからないようにする。まず例外はない。

だが、隠蔽しきれなくなる。すると、次には嘘をつく。しかし、その嘘も通用しなくなって問題がかえって大きくなり、どうしようもなくなって、「申し訳ありませんでした」と頭を下げる仕儀になる。だいたいこういう流れである。

そこに見えるのは、わからなければなにをしてもいいし、なんでもするという、武道館の周辺にゴミをポイ捨てする若者たちと同じ性根ではないだろうか。

わからなければなにをしてもいい――これは現代をおおう風潮であると考えるほかはないようだ。

どうしてこうなったのか。

やはり、太平洋戦争の敗戦によって歴史も伝統も文化も日本のすべてが否定されたところに行き着くほかはないようだ。日本の長い伝統文化は「恥の文化」で骨太く裏打ちされていた。武士道を貫くのも、この「恥の文化」であった。また、神を畏れる心も生活の中に貫かれていた。

すべてが否定されて日本人は指針を失った。指針を失った人間がそのまま大人になった。しかし、指針を持たない人間が次の世代に指針を与えることはできない。なにも継承されずに半世紀以上を過ぎて、その極まった姿が現代をおおう、わからなければなにをしてもいいという風潮になっているのだと思う。

だが、このままでいいわけがない。どうすればいいのか。

簡潔明瞭に

陸軍士官学校を卒業すると満十九歳か二十歳で陸軍少尉に任官し、最前線に立って何人かの部下を指揮する立場に立つ。その部下はどういう人間かといえば、種々雑多である。あらゆる種類、あらゆる考え方をする人間が集まっていると思わなくてはならない。

そして、戦争の最前線に臨めば、気に食わない上官を後ろからズドンとやっても通用するような修羅場である。

そういう場でどういう人間かわからない部下を指揮して目的を遂げるには、指揮官はどういう人間でなければならないか。

最後にものをいうのは徳なのである。本当の徳こそが部下を指揮に従わせる力になるのである。

だから、陸士では修身、道徳教育が徹底的に行われた。いったいなにが教えられたのか。

いま振り返って見ると、陸士で叩き込まれたのは難しいことでも複雑なことでもなかった。極めて簡潔明瞭、つまるところたったひとつのことだ。「慎独《しんどく》」である。

天下の将校生徒と自他共に任じていたわれわれは、外出時つまり娑婆の人たちの目に接するところでは、礼儀正しく規律よくキビキビとしていた。そんなわれわれが「慎独」こそ大切であると叩き込まれたのだ。

慎独――人目がない、自分ひとりの場でこそ、行いを慎まなければならない、ということである。

「便所のなかでこそ行いを正さなければならない」

そんなふうに教えられたものである。

そしてこれは、実に適切な徳の植え付け方だったと思う。

人目があるところでは、人は誰でも無意識に自分に制約を加え、行動を慎むものだ。だが、一人になると誰にもわからないからと横着に構え、野放図《のほうず》に流れがちになる。

しかし、それではいけない。誰も見ていないところでの行動は、人目があるところの行動に自ずと現れるものなのだ。人は、その人の見えるところに現れた行動を通して、その人が人目のないところでどんな行いをしているかを感じ取るものなのだ。言ってみれば、人目がない、ひとりのときの行いは、その人の人格を照らし出す鏡なのである。

一人の場で行いを慎み、正していれば、それが徳となって部下を指揮に従わせる力になるのである。

しかしいま、いきなり慎独などといっても、まともに受け止められることはないだろう。それを受け止める基礎となるしつけができていないからである。ではどうするか。いままず、大人の一人ひとりが自覚して、家庭でしつけをするところから始めなければならない。

しつけは、難しいことをたくさん言う必要はない。むしろ簡潔明快なほうが浸透が早く、効果もはっきりする。

私は大哲学者の安倍能成先生に師事し、先生の勧めで大学も学習院にしたほどだったから、いろいろと教えを受けた。だが、あの大哲学者たる安倍先生が教えてくださったのは難しいことでもなんでもない、極めて単純なひとつのことだった。

それは「正直であれ」ということだ。安倍先生はこのひとつことをさまざまな角度から説き続けられた。だからこそ、その教えが身に沁みたのである。

しつけの要諦もこれである。

そこで、第一章で森信三先生のしつけの話をした。森先生は、挨拶、返事、後片づけ、この三つをしっかりしつけなさい、と説き続けられた。これはしつけの基礎である。そして、この基礎ができていれば、どのような徳目も受け止め、身につけていくことができる。それはやがて、わからなければなにをしてもいいという現代をおおう風潮を克服していく力になるだろう。

そこから始めなければならない。始めるのはいまである。イベントがあった翌朝、ゴミが散らばる武道館の前をジョギングしながら、改めてそう思うのである。

※慎独については佐藤一斎の『言志耋《てつ》録』（九十一条）に、

居敬《きょけい》の功《こう》は、最《もっと》も慎独に在《あ》り。
人有るを以《もっ》て之《こ》れを敬《けい》しなば、則《すなわ》ち人無き時敬せざらん。
人無き時自《みずか》ら敬すれば、則ち人有る時尤《もっと》も敬す。
故《ゆえ》に古人《こじん》の、「屋漏《おくろう》にも愧《は》じず、闇室《あんしつ》をも欺《あざむ》かず」とは、
皆《みな》慎独を謂《い》うなり。

とある。

健康について

右足にきた過労

こうして長年やってきた朝の時間をなぞってみると、目覚めから朝食まで、ひたすら健康のために費やされているようなものだ。

起き抜けの日誌づけや来信類の整理、新聞の切り抜きは脳味噌の健康のため。ジョギングやラジオ体操などは身体の健康のため。靖国神社や弥生廟参拝、大声の叫びは精神の健康のため。そう言えないこともない。

母親が丈夫に生んでくれたおかげで、これまで病気知らずできた。いや、正確には身体の不調を覚えたことは二度ほどある。

一度は二十年ばかり前になる。営業本部長としてアサヒビールの再生を指揮し、苦闘していた時期だった。

年末に新潟に出張した。新潟はことに売上の悪い地域だった。それだけに私は販売店などの挨拶回りに精を出した。

あれは長岡の跨線橋を渡っていたときだった。にわかに胸の痛みを覚えたのである。脂汗がにじみ、苦しさに耐えられない。時の新潟支店長は江藤聡君だった。やり手できまじめな男だけに心おだやかでない。これはただごとではないと東京に引き返し、主治医の診察を受けた。心筋梗塞ということで東京女子医大病院に回された。いよいよもってただごとではない。

女子医大病院で詳しい検査を受けると、「これぞ軽い心筋梗塞」と宣う。その頃になると胸の痛みは消え、通常と変わりなくなっている。そうなると、頭をもたげてくるのは仕事への気がかりだ。年末の大切なときだ。会社破滅の日が刻々迫っていた。ここで入院などということになったら困る。なにしろアサヒの命運はすべて自分の双肩にかかっているくらいの壮大な思いにひたっていた頃だ。

「ビールは一切飲みません。睡眠は十分に取ります。この二つは絶対に守ります。いまアサヒビールは沈没せんとしているのです。だから挨拶回りだけは続けさせてください」

私の表情には鬼気迫るものがあったのだろう。医師は「その二つを守るなら、まあ、いいでしょう」と許してくれた。それまで「草鞋《わらじ》の紐まで食っても死なない」と言われるほど健康だったから、にわかの変調に私も慌てたし、周りもびっくりしたが、症状としてはさほどのものではなかったようだ。

すぐに挨拶回りの仕事に戻ったわけだが、そうなればビールを飲まないわけにはいかないし、夜更かしもすることになる。結果としては女子医大病院の医師を騙したことになったわけだ。

それでも正月の三日間は徹底して休んで、四日から出社した。翌五日、中山勝二営業推進部長と挨拶回りの途中で、なぜか右足が動かなくなってしまった。感覚がないというのか、どうしても右足が動かないのである。こうなっては挨拶回りなど、したくてもできない。といって、騙したやましさがあるから、女子医大病院には行けない。

どうしたものかと思案して、今度は会社の契約病院である浅草の永寿病院に行った。すると、直ちに入院との断が下った。なんと特別室に先にいた患者を移動させてまでして有無を言わさず入院させられてしまった。まさに問答無用といった感じでベッドに寝かされ、点滴の管につながれてしまったのである。

しかし、自分としては営業本部長としての指揮が気がかりである。見ると、ポトリポトリと点滴の速度がやけに遅い。なにを入れているのかと聞くと、血液を薄める薬だという。

「先生、そんな薬ならどんどん早く入れてください」

と急かしたが、会社の担当医であった和田先生は苦笑するばかりで耳を貸してくれない。

要するに、単なる過労だったのである。点滴にできるだけ時間をかけ、私を寝かせておこうという医師の作戦だったわけである。

神様のサイン

二度目は家内と同行してスペインに行ったときだ。またも右足が動かなくなってしまったのである。

前のときは感覚がなくなった感じで動かなくなったのだが、今度は異常がはっきり見て取れた。右足がずきずきと痛み、腫れてきたのである。成田に戻ってきたときはパンパンの状態だった。どうもいつも危険信号は右足にくるようだ。

空港から慶應病院の救急病棟にいる知り合いの堀進悟先生に連絡し、症状を告げると、家には帰らず直ちに病院に来い、場合によっては右足を切断しなければならない、と恐ろしいことを言う。右足を切られては堪らないから、すぐに駆けつけた。

後から考えれば、右足切断は私の気質を知っている堀先生の脅しだったのだが、すぐに駆けつけたのは正解だった。ちょっとした傷から菌が侵入したのが原因で、手遅れになったら、切断は大げさにしても、大変なことになっていたかもしれない。

身体の不調を経験したのはこの二度だけだから、まず健康そのものと言っていいだろう。だが、原因は違っても、二度とも右足に異常をきたした。私はこれを神様のサインだと思い込むことにした。身体に大事が起こるときは、神様が用心しろよとまず右足を動かなくしてくださるのだ。

根拠があるわけではない。自分で勝手にそう思っているのである。だから、いつもは忘れているが、なにかの折にふと右足を意識することがある。それは、健康への意識につながっていく。

健康に不安を持っている人は好むと好まざるとにかかわらず、身体に注意が向く。だが、私のように病気知らずだと、どうしても無茶をしがちである。そのために思わぬ病気を抱え込んで不本意な毎日を余儀なくされるということにもなりかねない。

いかに健康であろうと、生身《なまみ》の身体なら病と無縁であるはずがない。健康に対して傲慢になると足元を掬《すく》われる。そのために、根拠があろうとなかろうと、自分の健康に思いを致す手がかりを持っているのはいいことではないだろうか。私の場合はそれが右足なのである。

ところで、その後一向に神様は私の右足にサインを送ってこない。まずは当分、異常なしということなのだろうと思っている。

自然にできあがった健康志向

このように健康には恵まれてきた。なにごとでもそうだが、恵まれているとそれを当然のこととして受け止め、意識しなくなってしまうものである。意識しないからついないがしろに扱ってしまう。

振り返ってみると、私にも多分にその傾向があった。現役の頃を思い返すと、はしご酒は連日連夜、それが仕事とはいえ、飲んで飲んで飲んで、最後は丑三《うしみ》つ時にラーメンを汁まで飲んで締めるという具合。また、その深夜のラーメンのうまいこと、うまいこと。いま思えば空恐ろしいような気さえする。中山恒明先生と二十年かけて二十キロの減量を約束しながら、なまじのジョギングなどでは果たせなかったはずである。

それでも肝臓にはいささか気を使っていたらしい。大いに飲んでいるふうを装っても、実際はあまりアルコールを体内に入れない飲み方をするのである。他人《ひと》呼んでキセル飲みという。繰り込んだ店で初っ端《しょぱな》に一杯、きゅーっと一気に飲み干す。あとは接待相手など向こうが気づかないかぎり、あまりグラスを口にしない。それを埋めるのに役立つのは持ち前の大きな地声だ。明るくにぎやかにやっていると、大いに飲んでいるような雰囲気ができ上がるものだ。そして切り上げるときに一杯きゅーっとやって、「次に行こう」とやるわけである。つまり、後、先しか飲んでいないのだ。「キセル飲み」とは言い得て妙である。

そもそも私はちょっとアルコールを口にしただけで上機嫌になるクチで、量はさほどでもない。だが、キセル飲みに熟達したおかげで、中條といえば酒豪というのが通り相場になっているらしい。私への贈り物となると誰もが迷わず酒となるのはその現れで、おかげでわが家に酒類の切れた験しがない。折角《せっかく》の好意を無駄にはできないから、毎日楽しませていただく仕儀になる、というわけである。

それはともかく、恵まれているものに無意識になり、ないがしろにする結果、多くは落とし穴にはまることになる。私の場合、心筋梗塞らしきものを一度味わっただけでそれ以上の大過がなかったのは、まったくの偶然であり、神の恵みと言えよう。

そしていま、現役を退いて気がついてみれば、寝床を抜け出してからの朝のほぼ四時間は、健康のために費やすような具合になっている。

意図してこのような朝の形ができ上がったわけではない。靖国にお参りしたいという思い。食べることを存分に楽しみ、なおかつ減量を図るために習慣となったジョギング。走っていたら北の丸公園の一隅でラジオ体操をしている一団がおり、その仲間に加えていただいた。そういったものが寄り集まって、朝の形が自然とできたのである。

だが、朝のほぼ四時間のなかで行う一つひとつが健康を志向しているとなると、自分では気づいていないが、そこにはひとつの思いがあることを認めなければならないようである。それは、寄る年波ということである。

アバウトの勧め

寄る年波。好むと好まざるとにかかわらず、さまざまな場面で覚える、若いときのようにはいかないという衰えに、それを感じざるを得ない。

しかし、私に長生きの願望はない。そもそも私は二十代そこそこで国に命を捧げているはずだったのだ。それがかなわなくなって、拾い物の人生を生かしてもらっているのである。一日一日が儲けものである。この儲けものをさらに引き延ばそうというのは強欲というものである。そんなつもりはさらさらない。

ただ、人生の最期については私なりの美学がある。思う存分仕事をして、思う存分人生を楽しんで、精神的にも肉体的にもハイの状態で突っ走って、ある日プツッと終わりにしたい。そういう美学である。

「バンバン腕立て伏せをやっていたのは、ついこの間ですよ」「例の大きな声でゴルフの話をしていたのになあ」——私が人生にさよならしたのを知って誰もがびっくりする。そういう最期でありたいのである。

もし可能ならば、縁の深かった人々を一堂に集め、「やあ諸君、大変お世話になった。お迎えが来たようだ。さらば」と言ったのち、コトリと命の灯が消えていくようにしたいものだ。ある人これを称して曰く、P・P・K（ピンピンコロリ）と。

私の健康志向はそのためのものなのだ。

長生きを図るならば、食事の塩分がどうのバランスがこうのと細かく気を使うことになるだろう。だが、私はそうではない。今日一日を楽しく元気いっぱい。それで十分なのである。

だから、これはまあ気質ということもあるが、私の健康志向、健康法はすべからくアバウトである。食事について言えば、内容に細かく気を使ったりはしない。とにかく食べたいものを食べる。これである。

そもそも私の食事には根本的な欠陥がある。食べるものについて、ではない。食べ方に、である。とにかく早いのだ。家内と向かい合って食事をすると、相手の器はどれもまだなにほども減っていないのに、こちらはすべて空っぽという具合である。すると、私の箸は向こうの領域に侵入していくという仕儀にさえなるわけだ。

これは私の健康のコンサルタントとも言って差し支えのない岡山のミキグループを率いる小松茂子さんからも強く指摘されていることだ。したがって咀嚼《そしやく》の効用は充分に承知している。よく嚙んで食べることがいかに大切かは、機会あるごとに聞かされてきた。だが、それが私にはできない。

なにしろ、陸軍士官学校で真っ先に教えられたのが、早飯早糞早仕度だった。それが私の気質に合っていたものだから、すっかり身についてしまった。

それに、よく嚙むことを意識すると、途端に味覚がおかしくなってくる。味が感じられなくなってくるような気がするのだ。

食事で肝心なのはおいしく食べること、おいしく食べることがなによりの栄養と考えて、よく嚙むことは放棄した。万事がこの調子なのである。

そのなかで、はっきりと健康を意識して摂取しているものがひとつだけある。仮に、中條式健康ジュースとでも名づけておこうか。

まず、根昆布を水につけておく。これに黒酢、そして私の健康の指南役である小松茂子さんの薦めるミキプルーンやプロテインなどを加える。さらに朝鮮人参を浸しておいた蜂蜜をたらす。これを毎日一杯飲むのである。それに梅干を一個。これらの一つひとつの詳しい効能は忘れてしまったが、身体にいいという。身体にいい、効くと聞いたものを次々とつけ加えていったら、このような飲み物になったわけである。

一つひとつは身体にいいというのだから、それをまとめたものが悪かろうはずはない。第一、誰でも苦しむ断煙も、小松さんの指南によっていとも容易に実現できたのだから、なにかいいことがあるはずと信じている。

そして私は喜寿を迎えたいま、健康であり、かつ元気である。

思うに、健康を維持するためにあれこれと神経質になるよりも、これは身体にいいのだ、健康に効くのだと信じてしまうことではないだろうか。アバウトにそう思ってしまったほうが、元気に毎日を送れるような気がする。

その証明は私自身というわけである。

失敗だらけの人生

娘の諫言《かんげん》

数年前のことである。

アサヒビールの鳥取支店から講演の依頼を受けた。鳥取へは羽田から飛行機で飛ぶことになった。

その日、羽田空港に着きカウンターで搭乗手続きをしようとすると、なんと、私の予約席がキャンセル待ちの客に回されてしまっているではないか。なんたることと時計を見ると、出発時間の五分前である。飛行機に乗る際は出発の十五分前には搭乗口に到着しているのが約束事である。落ち度は私にあるのだからどうしようもない。

といって、どうしようもないではすまされない。鳥取では大勢の聴衆が待っているのだ。鳥取支店から依頼された講演であった。図太さでは人後に落ちない私もさすがに頭が真っ白になった。

「スチュワーデスを一人降ろして、その代わりに私を乗せてくれ」

無理な注文とは自覚してはいたものの、やはり航空運行規定の違反だとの冷たい返事だった。

このような場合、兵法では限りなく現地に近づけと教えている。それに従えば次の岡山便が次善の手だ。だが、計算してみると、それで最高にうまくいっても三時間の遅れは免れない。万事休すだ。

鳥取支店長に事情を知らせ、代役を務めてくれと電話をした。受話器を通して私の耳に飛び込んできたのは、支店長の悲鳴だった。確かに前日ならともかく、当日では中止のしようもあるまい。こうなったら私の責任でなんとかしなければならない。

窮余《きゅうよ》の一策。私は岡山から鳥取までヘリコプターで飛ぶことを思いつき、秘書に手配を頼んで岡山行きの飛行機に乗り込んだ。

岡山に着いてみると、大阪八尾空港から回されたコマンダーという小型飛行機が私を待ち受けていた。それに乗り込んで鳥取へ。やはり予定時間には間に合わなかったが、約一時間遅れでなんとか講演会を行うことができた。私の失態で招いた事態だったが、逆に飛行機でかけつけてくるという大袈裟なやり方に山陰の名だたる特約店・足統の足立社長や鳥取支店長が感激し、空港まで迎えに出てくれていた。

かくてなんとか穴をあけずにすんだわけだが、後日、小型飛行機の会社から請求書がきた。その代金が五十一万円。

「これはアサヒに回しなさい」

私は秘書である娘に言った。鳥取支店から依頼された講演の費用なのだから、主催者が持つのが当然である。とっさにそういう思考の回路が働いて、いささかの疑念もなかった。

するとと、娘が正面から私に向いて言ったものである。

「お父さん、それはおかしくありませんか」

五十一万円の支払いの発生は、そもそもは私の遅刻が原因である。それを会社に回すのは間違っている、というわけである。

「常日頃お父さんが言っていることと違うじゃありませんか。お父さんらしくありませんせん」

と娘は手厳しい口調だった。

私は頭をガツンと殴られたようだった。それなりの社会的地位を占め、その位置に慣れてくると、傍目にはおかしいと映ることを平気でやり、そのおかしさに気づきもしない。そういう例をしばしば見てきたし、こうはなるまいと常々思っていた。だから拙著『小が大に勝つ兵法の実践』に、わざわざ「気下《きくだ》し」の項で意見具申の難しさを説いたのである。その張本人の私自身がその弊に染まっていたわけであるから言葉はない。権力の座にあるものはよほど気をつけないと、と改めて肝に銘じ、新聞にも「娘の諫言」と題してこのことを発表した。

この話にはまだオマケがつく。

自分で払わなければならなくなった途端、私の頭にはある考えが浮かんだ。小型飛行機を飛ばしてくれた朝日航洋の塚田社長は知り合いである。そこで「俺が個人で払うことになったのでまけてほしい」と頼んでみることにしたのである。すると、「いいですよ」となんともありがたい返事。私はホッと胸をなでおろした。

ところが、回ってきた請求書を見て、私はふたたび嘆くこととなった。塚田社長が引き受けてくれた値引き額はなんと五万円。結局、四十六万円を自腹で支払うはめになってしまった。わが娘から学んだほろにがい体験である。

本人こそ忘れ物

売れないアサヒビールを売る苦労を重ねていた営業本部長の頃の話である。とにかく得意先の好意獲得だけが沈没寸前のアサヒを支えてくれる命綱であったから、私は日夜挨拶回りに精を出していた。だが、営業本部長たる私は闇雲に挨拶回りをしていたのではなかった。生ビール一点に絞って、戦は必ず先に勝ちがあるとばかり夢を語り続けていたのである。

私はその日も挨拶回りに行くために、新宿発松本行きの特急あづさ号に乗った。八月某日午前八時のことである。いつものように上着を脱ぎ、鞄を網棚に上げ、新聞を開いてまず死亡欄を見た。

そこにキッコーマンの茂木社長のお母さんがご逝去したとの記事を発見。茂木社長はかつてわが社に籍を置かれていた方であり、私たちが新入社員のときは一日研修で野田のキッコーマンまで赴いたほどの親しい関係にある。

早速ホームに降り、社に連絡するために公衆電話の前に立った。すると、なんたることか。特急あづさが乗客の私をホームに置いたまま、動き始めたのである。突然、自衛隊のヘリコプターで追跡するしか手段がないと夢のような発想が浮かんだ。だが、そんなことできるはずがないと、すぐに冷静な自分を取り戻す。それにしてもなにが起こったのだ。私にはわけがわからなかった。

生ビールの販売促進に走り回っていた頃

つまりはこういうことだったのだ。私がホームに飛び降りる寸前に発車のベルが鳴っていたのである。社への連絡に気をとられ、私はそのことにまったく気づかなかったというわけだ。

挙手の礼で発車を見送る助役の後ろ姿もうらめしい。女房に緊急連絡したが、「まったくあなたらしいわネ」、これで終わりである。ならばと秘書の内田さんに連絡。財布は上着と一緒に列車のなかにあり、小銭入れしかないと訴えると、すぐお金を持って新宿駅まで来てくれるという。ならば次の特急の指定席の切符を買おうと駅員に尋ねると、一時間後の特急券はすべて売り切れ、自由席に並べと駅員は冷たく言う。うまく行かないときはこういうものである。

それでもなんとか松本駅に到着した。駅に着くと、会社から連絡を受けた駅前の中島酒店さんが駅長に掛け合って、私の荷物を駅に保管しておいてくれた。結論から言えば、上着と鞄は無事だった。が、そのときの公安官さんが堅かったのか、マジメすぎたのか、ＪＲの規則なのか、「あなたがあなたであることを示す証明書をなにか出せ」とこだわるのだ。荷物を置き忘れた私はほとんど身ひとつでいるのだから、証明書などあろうはずもない。

それなのにあくまで身分証明を主張する公安官さんに「そんなにおっしゃるなら、そちらにある上着と鞄は正規の席に乗ってきたのであり、遺失物は私自身ですよ」と言うと、さすがの公安官さんも吹き出した。そして、「財布の中身はいくらですか」と戦法を変えてきた。

元軍人は財布の中身を実際より多く申告するのは品性下劣のように教え込まれていたので、ちょっと少な目に申告した。しかし、その額はあまりにも少なすぎた。

中身の半額でしかなかったのだ。あわれ私は身分証明の機会をみすみす失ってしまった。途方に暮れたところでハッと気づいた。財布のなかには家族全員の写真が入っている。それを公安官さんに告げると、なんとこれがパスポートの役割を果たしてくれたのだった。皆さん、ぜひ財布の中には家族の写真を入れておくことをお忘れなく。

同じ頃の出来事だが、飛行機に置き忘れられたこともあった。ちょうどスーパーシートの仕組みができた頃である。

福井に「一本義」という歴史の古い酒蔵がある。アサヒの大きな特約店であり、勝山の町に「ほろにが会」をつくってくれた大のお得意様だ。そこの久保社長夫人にお昼をご馳走しようと約束をした私は、空路、小松に向かう予定になっていた。

私は本が無性に好きで、読み始めると集中し、なにも気づかないほどだ。そのときも、スーパーシートをしっかり予約してあるのだからまさかお客を置いてきぼりにはすまいと思い込み、待合室で読書に集中していた。

ところが、いくらたっても呼び出しがない。おかしいと思い尋ねたら、私が乗るはずの飛行機はすでに飛び立ったと言われた。呼び出しがなかったと文句を言うと、いくら呼び出しても応答はなかったとの冷たい返事が返ってきた。どうやら読書に夢中になりすぎて聞き逃したらしい。一時間後に富山行きの便があるというが、約束の昼食には間に合うはずもなかった。

いくら失敗しても懲りないのが私の欠点なのである。それにしても、このアバウトさ。なんとかならないものかと自分でも思うのだが、嗚呼……。

猿が木から落ちた話

いまの世の中、なにが起きるかわからない。その土曜日の朝、思わぬ事故が発生した。私が長年早朝ジョギングを続けてきたことは、すでに述べたとおり。それとともに、号令調整、逆立ち、腕立てなど多様なメニューをこなす。

そのメニューのひとつが木の枝を使って行う懸垂である。七十数キロの体重を五回ほど持ち上げて懸垂をする。五回というと簡単そうだが、常日頃からやっていないとともできるものではない。

私は長年、この懸垂を一本の枝を使って続けてきた。そのせいで、私がいつもぶら下がる北の丸公園の「スダジイ」の枝は相当疲労が進んでいた。スダジイは昔から極めて強い樹とされているが、わが眼でも近いうちに折れるであろうことは十分予測できた。樹木番号「三九番《サンキユウ》」が皮肉な数に見えていた。

しかし、枝がどんなときに、どんな状態で折れようとも、経験豊富な私にはいかなる対応もできるものと思い込んでいた。難しく言えば、いかなる事態が発生しようとも危機管理は万全と思っていた、ということだ。

ところが、平たく言えば、長年のしたたかな経験の積み重ねは私を「猿」にしてしまっていたのだ。いつものように懸垂をしていると、突然、大きな音を立てながらその枝が折れた。思い上がりの「猿」はなんの対応もできず、不様に、そしてしたたかに背中を地面に打ちつけた。呼吸が一瞬止まったと思うほどの衝撃であった。

その音に驚いたご婦人二人がびっくりして「大丈夫ですか」と駆け寄ってきた。

その当時、古稀を越えていたが、男というものはこの期に及んでなお見栄を張るものなのか。「大丈夫です」と無理して若々しく答えている自分にびっくりした。

家に帰ると、救急病院に行くことを盛んにすすめる女房に対してまでも強がりの意地を張る。だが、女房の顔が見えないとなると急に痛みに顔をしかめるのである。

我慢の士、日をなんとかやり過ごして月曜の朝一番に早速レントゲン検査をすると、なんと第五、第七肋骨《ろっこつ》にヒビが入り、全治一か月の無情の診断が下った。

おごりとはげに恐ろしきものかな。

つらつら世を眺めれば、政治の世界にも、お役人にも、はたまた経済界にも、このような木から落ちた「おごりの猿」が多すぎるのではないか。具体的で申し訳ないが、雪印や三菱自動車はまさに「おごりの猿」そのものと言えよう。

考えられないような企業の倒産劇が矢継早に起きている。考えるに、「おごりの猿」が指揮をとっている会社では、肋骨のヒビくらいではすまされない悲惨な事態になっているのではないか。

師の戒と諫言《かんげん》について

外は雨が降っている

碩学安岡正篤先生は権力の座に就く者の心得として、次のことを説いておられる。（一）道を説く師を持て。（二）なんでも恐れずに物申す部下をつくれ。（三）幕賓（金銭関係のない仲間）をつくれ。

人間というものはとかく惰性に流されて、自分では意識しなくとも、とんでもない過ちを犯すものである。それを防ぐにはさまざまな角度から諫言してくれる人を周りに持たなければならないということだろう。これに冷静な身内をつけ加えてもいいかもしれない。

よき諫言ほど聡明な自覚を促すものはない。権力者にかぎらない。諫《いさ》めてくれる人を持つことは人間にとって大事なことである。前述したような経験で私も身に沁みたのだが、年齢が進み、それなりの社会的地位を得るようになったらなおさらだと思う。

師の諫めではこんな経験がある。

私は陸軍士官学校に在校中に終戦に出会い、大きな挫折を味わった。しかし、そこからなんとか立ち直り、旧制の松本高校を受験し、合格した。ところが、その年は入学できず、一年待たなければならなかったのである。軍関係の学校に一年以上いた者は在校生の一割を超えてはならないという通達が占領軍から出されたからである。それにひっかかったのである。

結局一年遅れで入学したが、アメリカの野郎、どこまで俺の人生を妨害する気かという気分があったから、多分に私はひねくれていた。

高校ではドイツ語を選択した。先生は後に東大教授に転じた丸山武夫教授だった。最初の夏休みに課題が出された。ドイツ語で日誌を書き、提出せよというのである。私は一枚の紙切れを提出した。そこにはこう記した。

「日誌は他人に見せるものに非ず」

数日してそれが戻されてきた。丸山教授の批評が赤インクで記されていた。

「今、外は雨がシトシト降っている。この自然のように素直であって欲しい」

旧制松本高校時代（後方はアルプス）

点数は合格点であった。

「外は雨が降っている」の一行がずしんと堪えた。穴があったら入りたいとはあのときのことを言うのだろう。いまでも、どうして「日誌は他人に見せるものに非ず」をドイツ語で書かなかったのかと悔やまれる。

師の教えだから、弟子に対する戒と言うべきかもしれないが、この諫めほど効いたものはない。いまでも身に沁みている。

学習院には安倍能成という大哲学者に惚れて入った。ただひたむきに「正直たれ」と叩き込まれた。偉大な先生であった。

アサヒビールも山本為三郎という社長に惚れて入社した。分割後だから東を主な市場とするサッポロを選ぶのが自然であるが、そうしなかったのはアサヒの山為《やまため》さんがいたからだ。とても素晴らしい社長であった。

山為さんからは「恕」の精神を叩き込まれた。具体的には日清紡の当時の桜田武社長を見習えと常に教えられた。身命かけて経営してきたことを役人に等級をつけられてたまるかと叙勲を蹴っ飛ばした人だ。武士のような人だった。桜田さんは、当時、財界総理とまで言われた宮島清次郎さんの弟子で、山為さんとは兄弟弟子であった。

このような偉大なる諸先輩方から教えられた諫めがあったからこそ、いまの私がある。ありがたいことである。

大漢学者・諸橋轍次博士の教え

諫言というのは、それをする側と受ける側の問題がある。また、諫め、諫められる二人の年齢の上下、社会的地位の上下といった人間関係の問題もある。

目上の者が目下の者を諫める。この場合は比較的通りやすい。上下の人間関係が重しになるからである。ドイツ語の日誌の件で丸山武夫教授の諫めが私の身に沁みたのも、師であることが大きな要素になっていたのだろう。

難しいのは年齢的にも社会的にも下の者が上の者を諫める場合である。こういう話を読んだことがある。

三菱商事の社長を務められた諸橋晋六氏の若い頃である。上役と意見が合わず、悶々と日々を送っていた。その気持ちをご尊父に訴えたところ、こういう答えが返ってきた。なお、諸橋氏のご尊父は『大漢和辞典』全十三巻の編纂で知られる漢学者の諸橋轍次氏である。

「先輩と意見を異にするのはよくあることだ。そのこと自体は悪いことではない。会社のため、上司のために言うべきことはどんどん言うがいい」

ただ、次のことをよくよく考え、踏まえなければならないとして、注意点を三つ挙げた。

(一) 毛筋一本ほども私利私欲があってはならない。

(二) 相手の立場を尊重し、あくまでも礼儀を守れ。

(三) 不幸にも言が容れられないことがあったら、平常心を失わず、その場は退いて自ら再考し、何日か考えたあげくやはり自分が正しいと思ったら、話をふたたび持ち出してみろ。

さすが文化勲章を受章した大漢学者の言である。

ひるがえって、私自身のことを考えてみる。

私は山本為三郎さんに始まって、計七人の社長に仕えた。アサヒビールは、創業時のいきさつや、戦後の分割時に山為さんが大阪出身であり大阪財界でつくった新大阪ホテル（現リーガロイヤルホテル）の社長を兼任していたような関係で、住友グループと深い縁があった。住友の歴代総理事に当たる人がアサヒビールの監査役か相談役になっていた。そのような縁で、シェアを減らしどん底に沈んだ苦しい時期などに住友グループの支援を受け、助けられた。そうした経緯から、社長は代々銀行から迎えていた。だから、分割時の山為社長、その突然の死で後を継いだ中島正義氏の二人に仕えたあとの五人の社長はすべて銀行出身である。

一方の私はビールの営業ひと筋に歩んできた生え抜きである。やはり育ってきた企業文化の違いは否定できず、社長とは考え方がずれることがしばしばあった。

そんなとき、私は黙っていなかった。いまどきの社員とは違って、企業への帰属意識がすさまじく高かった。生涯どんなことがあろうともアサヒビールに身を捧げるほどの意識だったから、黙ってなどいられなかった。若いときに国に命を捧げて死ぬべきはずが図らずも生き残って、儲けものの人生を生かされている。ならば、言うべきことを言わずにはすまさない。そんな思いが私の心の中を貫いていた。

自分の口から言うのも口幅《くちはば》ったいが、半世紀にわたる会社生活で多くの部下から信頼されたのは、このように上に突っかかる、上を恐れず意見を強く主張するところにあったのだと思う。これとは逆に、上に弱く下にいばる人物が悉《ことごと》く部下の信用が薄いという例をあまりにも多く見てきた。それらが確かな証拠になると言えよう。

振り返ってみると、上に向かって物申し続けたような感がある。仕えた五人の社長すべてに言いたいことを言い続けたのが、私の会社人生だった。私の周辺の大方の人たちも、あるいは生意気な奴と思い、あるいは頼もしい奴と見ていたようだ。

ことに延命直松さんの思い出は深い。延命さんは高橋社長を補佐する役割を担って、昭和四十六年に銀行からアサヒビールにこられ、さらに高橋社長のあとを受けて経営トップの座に就かれたのだった。アサヒビールがもっとも苦しい時期だった。

延命さんは全身これ火の玉、実に裏表のない人だった。その点では私と共通するものがあったからだろう、延命さんとの衝突は私が物申すといったものではなく、正面からぶつかり合う論争の趣が強かった。

議論が煮詰まると、よく延命さんは言ったものである。

「おまえとは哲学が違う」「おまえの考えは偏狭な職業軍人そのものだ」

延命さんが亡くなられたいまとなっては、懐かしい言葉の数々である。

延命さんは社員の前ではそんな素振りはチラリとも見せなかったが、奥様を亡くされたときの悲嘆はひとかたならぬものがあった。表面の強気からはうかがうことのできない情の人でもあったのだ。

そういう人間的な側面を私に思わずさらけ出したのも、私が物申し、延命さんがそれを受け止めるという関係のなかで培われたものだったと思う。そのつながりが苦境にある会社を支えるひとつの力になっていたと言えないこともない。

明るさはなによりの徳

しかし、会社という世界のなかでは諫めるにしても諫められるにしても、相互のポストは無視できない。物申す側と申される側の立場に格差があるときは、諫言は二人の問題だけですむ。だが、立場が接近しているとそうはいかなくなる。

私が仕えた五人目、つまり最後の社長は樋口廣太郎さんだったが、そのとき私は副社長の立場だった。つまり、銀行からきた樋口さんがトップで、生え抜きの旗頭である私がナンバー・ツーという格好である。

樋口さんは出来る男であっただけにビールだけにとどまっておらず、オーストラリアのビール会社への投資だとか（その処理で約三百億円強の損失が出たことはすでに新聞で発表ずみ）、ゴルフ場やら絵画やらなにやらと多角化志向がすさまじかった。

私も代表権を持つ身だ。株主や社員に対する全責任を負っているのだ。そもそもビール事業は半分近くが国家の税金という事業だけに、売上高利益率の低い産業だし、総じて地味な業界であった。私たちビールプロパーから見れば、その各方面への投資は判断の許容の限度をはるかに超えていた。

そこで、代表権を持つプロパーのトップとしての責任で、樋口さんにあまりに派手な（そう見えた）諸方面への投資は、しかと経営会議にかけて慎重に運ぶべきだと諫言した。

すると樋口さんは、はっきりと言われた。「そんな地味なやり方をしてきたから落ちぶれたのだ。今後、君たちプロパーはビール一筋にかかれ。不動産やビール以外の投資は外人部隊のわれわれがするから口出しするな」と。この前段の部分の言葉はとくに悔しかっただけに、生涯忘れない。そのうえ、樋口さんは絵画についても「山為さんの集めた絵はろくなものではない」とまでつけ加えた。山為さんの絵の内容は私たちは知らない。だが尊敬してやまない山為さんの絵も酷評されて、すっかり頭にきたことだけは確かだ。

これでは代表権を持つ身の責任は果たしえない。辞表を出し、銀行出身の誠実ですぐれた人物であった岩城常務（のちアサヒビール薬品社長）に真相を伝え、「きみのことしか聞かない社長だから全責任をもって社長にあたって欲しい。今日のことは必ずきみの日誌にしたためておいてくれ」とまで念を押した。

したがって、この経緯は岩城君がもっともよく把握していると思う。彼は住友銀行にふたたび帰任することはなかったが、アサヒビール薬品のトップをやり、業績を伸ばしてくれた。いろいろ精神的な苦悩を強いたが、これもひとつの人生だと誇っておられると思う。

だが、ナンバー・ワンとナンバー・ツーが意見を異にするとなると、当人同士は大したことはないと考えていたとしても、傍目にはさまざまな憶測が飛ぶものである。とくにプロパーを代表する地位にいる私が突然辞任したとなったら、会社が割れている、まとまりがないと受け取られかねない。マスコミにはこの手の話が好まれる傾向があるから、用心しなければならない。

さすがに樋口さんはこのような事態に対する手の打ち方が早い。村井会長と私の後を引き受けた瀬戸営業本部長を留男《とめおとこ》にし、私の説得にかかった（これは村井氏の証言である）。村井会長は例の明るさで「きみはいつまで陸士的な生きざまを続けるのかね。気持ちはよくわかるが、銀行からきた樋口社長とプロパートップのきみが仲違いしているようでは、すぐマスコミの餌食になる。一番迷惑を受けるのはきみの部下だ」とたしなめられた。瀬戸君からは別段の話しかけはなかったが、この「部下の迷惑」という表現には参った。勝負ありである。

だから私は、三ツ矢サイダーという伝統的な商品を持つアサヒ飲料に転じた。しかし、アサヒ飲料はアサヒビールの一〇〇パーセント子会社である。社長は毎週業務報告で親会社の社長と顔を合わせる必要がある。そこでまたまた意見が対立し議論になったりしたら、私が子会社に転じた意味がない。というわけで、私はアサヒ飲料の会長に座ることになったのだった。

まあ、そういった話はともかく、上に向かって物を言い続けた私は、大漢学者・諸橋轍次博士がご子息の晋六氏に与えた三項目の注意点に照らしてみたらどうだったろうか。

一番目の私利私欲。これは私には完全にかけらもなかった。それだけは自信を持って言える。

そもそも多くの場合、私利私欲があったら諫言などしないものだ。諫めて、それが受け入れられなかった場合、損はしても得をすることはない。それを考えたら、諫言などしないほうが得策というものである。私利私欲に目端《めはし》が利く者はそこを考えて黙っているのが普通である。大企業の経営破綻にはこの辺に大きな問題がある。

私利私欲から出た諫言というものもある。しかし、それは真の諫言ではない。諫言を装ったおもねり、媚びへつらいである。

このように見てくると、諫言というのはそれを受ける側の人物を計るバロメーターであることにも気づく。ちょうど今年の夏、太田宏次中電会長の古美術品購入問題が起き、太田氏が辞任した。ここに記したこととあまりに類似点が多い出来事なので注目していた。

事が明らかになったのは、川口社長を議長とするコンプライアンス（法令遵守）推進会議に副社長の一人が社内告発したことであった。購入方針は九七年の常務会で決まっていたが、点数や金額は未定だった。そこで太田氏は同社の多目的ホールの展示用として知人の古美術商から中国の古美術二百六十二点を約五億八千万円で購入、代金を総務部の備品予算で払った。ところが、購入した古美術のうちの約五百点、約一億九千万円相当を個人で預かって自宅で長期保管していた。これが問題になった。なぜこのときに直接諫める役員が出なかったのか。辞任後、太田氏の相談役補佐への就任を投票で諮《はか》ったところ、三十一人のうちわずか二人しか賛成しなかった。諫言する部下を持たぬ者のあわれさであろう。

二番目の、相手の立場を尊重し、礼儀を守るという点はどうだったろう。私は十分に心得ていたつもりだった。しかし、完全だったかと言われれば、いささかぐらついてくる。なにしろテンションが上がりやすく、直情径行が持ち前である。ときには礼儀に外れることがなかったとは言えない。ことに延命さんとのやり取りを思い返すと、冷や汗が流れるものがないではない。

その象徴のような出来事をひとつ、ご紹介しよう。

樋口さんが当社にこられた頃、「武蔵野事件」という事件が起きた。樋口さんも住銀では「瞬間湯沸器」と呼ばれるほど、気の短い面があった。当社にこられて間もなく、下関の特約店の社長から寄せられた手紙の件で、中身を吟味せず私を怒鳴りつけたことがあった。しかし、そんなことでひるむ私ではない。当然のごとく言い返した。私の剣幕に驚いた樋口さんは、よくよく手紙を吟味し、結論から言えば、自分の早とちりであったと認めた。

その後、樋口さんは私に詫びる意味もあって、料亭「武蔵野」でご馳走してくれることになった。ところが、生憎《あいにく》その日は経営塾の針木さんと会う予定が入っていたようだ。約束の時間を二時間すぎても樋口さんは現れない。頭にきた私は、武蔵野の女将《おかみ》と相はかって、サッサと帰宅してしまった。すると、なんと十一時すぎに樋口さんが菓子折り持参で拙宅を訪ねてこられたのだ。これには家内も腰が抜けるほどびっくりした。ここで勝負ありである。どうやらこの二番目の課題については、私は落第のようだ。

三番目の注意点、意見が容れられなかったときに平静さを失わず、退いて再考し、やはり自分が正しいとなれば再提言せよということになると、さらに冷や汗が流れてくる。何度も言うように私は直情径行である。時間を置くこともなかなかできない。即断即決をよしとする傾向がある。その点で三番目の注意点はいささか欠けるところがあったと言わなければならない。

このように見てくると、私の諫言の仕方、物申し方はどうも万全からは遠いものだったというのが事実である。それでも上に向かって諫言し物申して損をしたという経験はない。むしろ逆である。

そもそも私が山本為三郎さんから目をかけられるようになったのは、直接山本為三郎さんに向かって言ったわけではないが、社長の顔ばかり見て仕事をするのはおかしい、われわれが見るべきはお客さんの顔ではないか、と言ったあたりがきっかけだったのだ。

　諸橋轍次博士が唱える諫言の三要諦からはいささか外れる私だが、それでも通用してきたのは、私が仕えた五人の社長をはじめたくさんの上司が、私の諫言や意見具申を許容する器量を備えた人物だったということである。その意味でも私の会社人生は恵まれたものだったのだと改めて思う。

　しかし、強いて言わせてもらえば、それだけではない。私にもそれなりの特質はあったのだと思う。それは極めつきの明るさである。アバウト的なめでたさと言ってもいい。陸士時代、ピンチをチャンスと置き換えられる明るさがなければリーダーの地位を去れ、と叩き込まれた。

　女性は肌の白さが百難を隠して、なによりの美質だという。明るさは男女の別なく誰にとっても美質である。明朗闊達、明るさは相手の懐疑心を解き、警戒感を氷解し、素直さに解き放つ力がある。

　その力が諫言に耳を傾けさせ、考えさせることにつながっていくのだろう。明るさは少なくとも憎まれることはない。

そもそも暗く、陰々鬱々《いんいんうつうつ》とした調子で諫言される場合を想像してみるがいい。それだけで素直に聞き入れる気持ちが消えてしまう気がするではないか。

喜寿を迎えた年に達しても、間違ったことを許さない気質は衰えない。この国に生まれ、この国に住み、この国の恩恵を受けながら、この国を思う心の薄い人たちへの警鐘の旅が続いている。

男の勲章

いまからほぼ半世紀前、この国は戦いに敗れた。職業軍人であった私は涙ながらに野《や》に下《くだ》った。そして、占領策によって分割されて間もなかったアサヒビールに、第二の職場として入社した。その指揮官であった山本為三郎（通称山為《やまため》さん）社長に惚れてのアサヒの選択であった。

アサヒのライバルのキリンは分割を免れたこともあり、ラガーで圧倒的に市場を支配していた。商売とはかくも残酷なものだ。その苦戦つづきの中で、「生ビールしか活路はない」と、若輩であった私の提案から生まれたのが「アサヒスタイニー」であった。（致知出版社刊『立志の経営』、かんき出版刊『小が大に勝つ兵法の実践』参照）

昭和三十九年の発売に当たって、山為さんは、

「一般市場にこの生ビールをほんとうに知得させて、これを開拓していかなければいけない。どうかこの商品をもって市場に踊り出て、われわれが優位に立ちうるようにラストスパートをかけていただきたい。私の一生をかけた仕事であり、私の最後の仕事であることを十分に感得していただき、一層の精励を希《ねが》ってやみません」

とまで宣言してくれた。山為さんの必死の想いがひしひしと伝わってきた。

それが天に通じたのか、生ビール提案の第一号であるスタイニーはめざましい売れ行きであった。ご褒美に私はアメリカへの短期二か月の研究の旅を命ぜられた。しかし神様は安易にアサヒに勝利をもたらしてはくれなかった。

昭和四十一年二月四日、山為さんは忽然《こつぜん》とこの世を去った。核を喪ったアサヒは揺れに揺れ、生ビールの主動の位置さえ他社に取られかねないようなつらい日々が

続いた。

昭和五十七年、私は営業本部長を命ぜられた。志なかばにして世を去った山為さんの弔い合戦を命ぜられた思いであった。ハーバード大学からも勝ち目なしと宣告されていた戦いであったが、それだけに開き直りやすかったとも言える。

兵法で説く「兵員の逐次投入」の戒めどおり、時を貯め、エネルギーを貯め、ラベル、中身を変えた。「高きに登りて梯《はしご》を外《はず》す」の危機管理の教えに従い、吾妻橋工場を売り払い、最も罪深い四百四十名の人員整理までした。そして、「今日こそ最後の決戦の日なり」と起《た》ち上がった。その日は昭和六十一年二月四日。山為さんの命日であった。

この年は前年度の全ビールの三・八倍の売上という驚くばかりの成果が上がり、次年度のスーパードライにつなげることができた。六十二年二月四日、私は駒場の山本邸を訪れ、仏前に業務報告をした。孝、春子さんご夫妻から、山為さんが生前最も愛された大事な花瓶をご褒美にいただいた。

そのいただいた花瓶を夜、ひとり抱きしめて寝た。苦しい戦いを共に支えてくれ

山為さんからもらった「男の勲章」

た特約店や得意先の面々、苦労をかけた部下たちの顔が次々と現れ、誰憚《はばか》ることなく感動の涙を流した。これこそが「男の勲章」だと思った。すべての苦労が吹っ飛んだ。

諫め役を担う

それにしても、目下の者が目上の者にする諫言は難しいものである。昔の人もそれでいろいろと苦労していたらしい。

会津若松藩には「童子訓」という教えが伝わっている。そのなかでも、親を諫めるのはつらいことだが親孝行でもあるとして、親への諫め方を教えている。

「父母に諭し、若し父母に過ちある時は気を下し、道を悦ばしめ、声を和らげて諫むべし」

親に過ちがあったからといって、子どもが思い上がり、優位に立つのは禁物である。あくまでもへりくだった態度で、つまり「気を下し」、常日頃から親を喜ばせるような行いをし、丁寧に礼儀を守って諫めなければならない。

それでも聞き入れてもらえないのは珍しいことではない。

「聞き給わざる時は敬を尽くし、孝を尽くし、父母悦び給う時に復諫む」

親、つまり目上の者に諫言するときはこれほどに気を使え、と教えているのである。

アサヒビール鳥取支店講演会遅刻事件で小型機の航空会社から請求書がきたとき、私はそれをアサヒに回せと言って、秘書である娘から諫められた。娘は「童子訓」など読んでいるわけはないが、考えてみると、娘の態度はいささか厳しくはあったが、この教えにかなったものだった。だからこそ、私も素直にわが身を省み、過ちを改めることができたのだろう。

先に私は、子どものしつけだけは厳しくしたと述べた。基本的なしつけができていると、親など目上の者に対する諫め方といったものも、自ずと身につくものらしい。

それにしても、私は娘の諫めを割合すんなり受け入れたが、昔の人は、それだけ信念を持っていたからでもあろうが、子どもの諫言などなかなか受け付けなかったもののようである。「童子訓」が手を変え品を変えして親を諫める心得や態度を説いているのは、その現れだろう。

『平家物語』にも子が親を諫める有名な話がある。

平重盛は平清盛の嫡男、やがては平家の棟梁に立つ立場である。だが、父の清盛と違って随分温厚篤実な人物であったようである。その重盛の子資盛が路上で摂政の藤原基房と出会ったとき、下馬しなかったために無礼を咎められ、辱めを受けた。これを聞きつけた清盛は基房に徹底的な報復を行う。このとき、重盛は冷静に道理を説いて父清盛を諫めている。もっとも、清盛は重盛の諫言に耳を貸さなかったのだが。

また、清盛が後白河法皇をとらえて幽閉しようとしたときも、重盛は「忠ならむとすれば孝ならず、孝ならむとすれば忠ならず」という有名な言葉を吐いて父を諫め、止めている。

しかしそういったことのせいか、重盛はあまり清盛のおぼえがめでたくなく、やがて病死する。諌め役を失って平家の奢りに歯止めがかからなくなり、その奢りの主役である清盛も死んで、「奢る平家は久しからず」という仕儀になっていくのである。

バブル期の日本を思わないわけにはゆかない。あの時期は日本国中が舞い上がった。地価が途方もなく上昇し世界に比類のない高値になると、日本全土の値段を合算すれば、世界中の土地を買い占めることができる、日本はそれほどの資産を有する世界一豊かな国になったのだなどと、見当違いの論評が聞かれたりしたものだ。

あの時期に決定的に欠けていたのは諌言だった。一歩退いて、バブルの落とし穴を強く諌言する層がほとんどなかった。あっても舞い上がった浮かれ声にかき消されてしまった。しっかりした諌言が聞かれたならば、日本経済のパワーをすっかり衰退させるほどの傷は負わずに済んだに違いない。

諌言の重要さを思わずにはいられない。

いまはどうか。底に沈み、停滞にもがき苦しんだところから新しく浮上しようとする混迷のなかに日本はある。いまはバブル期とは違った意味で、諫言が求められている時期だと思う。混迷のなかから変革し、日本を新しい時代の軌道に乗せていくのに、よき諫言は力になるに違いない。

では、誰が諫言するのか。そこにわれわれ老人の大きな役割があると思う。

われわれ老人には戦争という激動を潜り抜けた経験がある。あの激動はなにゆえであり、その実態はどのようなものであったかについての知識がある。そして、ゼロに帰した国土から立ち直り、世界第二位の経済大国を構築した成功体験がある。

これを正確に伝えていくことがすなわち、変革のなかで生じるさまざまな過ちを修正するなによりの諫めになるのだ。

そこに私の役割があると信じる。拙い著作をこなし、講演に飛び回り、いくつかの団体に関係して活動するのはそのためである。そのためには健康でなくてはならない。ジョギングと靖国詣でとラジオ体操という毎朝の行事を怠れないわけである。

老人には老人の役割がある。だからこそ老いてなおの精進なのである。

第三章 ◎ 老いの役割 ◎

めぐる舞台

時代は転換した

ベルリンの壁が崩壊したのは一九八九年。すでに十五年前の話である。ベルリンの壁崩壊で始まり、それがソ連邦の崩壊にまでつながった。一九九一年は現代における歴史の分岐点である、あのときを境に時代は明らかに変わったのだ——そう言われて久しい。さまざまな分野の人たちがあらゆる機会にそう説いている。そして、言う。新しい時代には新しい考え方で対処しなければならないし、新しいビヘイビアが必要である、と。

たとえば政治の世界を見れば、右を向いても左を見ても、与党野党の別なく改革の叫び声が喧《かまびす》しい。これはこういった時代変化を受けた現象なのだろう。

しかし、と言わざるを得ないことがあまりにも多過ぎはしないか。改革の叫び声がかしましいばかりで、改革の具体的な姿がさっぱり見えてこない政治のありようなどは典型例である。時代の転換期だ、激動期だという観念だけがあって、言葉ばかりが上滑りし、時代の変化が一人ひとりの生き方にどのように反映されるのか、その実感がさっぱりないように思えてならない。

私にそう思わせるのは、ここ数年、晩節を汚したとしか言いようのない現象があちこちに噴出するからである。

ある証券会社の社長を務めた人は、証券協会の会長のポストにも就きながら、その陰で〝飛ばし〟というやってはならないことをやっていたばかりでなく、それが一因となって会社が潰れたのちも、口を拭《ぬぐ》って責めを負おうとはしない。三権の長まで務めたある政治家は、地方自治体の長に転じて公私混同も極まったようなことをやり、退かなければならなかった。そのほかにも例を挙げようと思えば切りがないほどである。

それぞれにひとかどの仕事をし、功績もあった人が最後にすべてを汚泥にまみれさせるような具合になって消えていく。なんとも残念なことである。

以前でも飛ばしや公私混同は決して褒められたことではなかったが、なんとか見過ごされる、あるいは知られずにやり過ごすことができたのかもしれない。だが、世の中は変わった。過去のやり方に乗った惰性は許されなくなっている。

この人たちがそのことを知らなかったはずはない。この人たち自身が時代の変化を訴え、転換を強く説いていたのだ。しかし、それは観念だけで、実感をいささかもともなうものではなかったと言うほかはない。自分が乗っかっていた惰性を吹っ切ることができなかったのだ。

時代が転換する、世の中が変わるということは、一人ひとりのものの見方、考え方、つまり生き方を変えなければならないということである。好むと好まざるとにかかわらず、である。世界の大きな流れがそれを要請するのだ。

では、なにがどう変わったのか。そこを整理しておくことにしよう。

日の丸方程式

一九四五年八月十五日、日本は大東亜戦争に負けた。一面の焼け野が原から立ち直る。それが戦後日本のなによりの課題になった。

この課題を果たすために、日本は焦点を経済に定めた。産業立国、貿易立国というわけである。この方向性は間違ってはいなかった、と私は思う。経済に焦点を絞るという方向性のためにいくつかの問題も生じるのだが、それはまた別の話である。

では、産業立国のために日本はどんな手法を取ったか。これは日本が近代化を目指した明治以来の馴染み深い手法である。国民の生活や要請は二の次三の次に置き、なによりも国家の要請、必要を優先させるというやり方である。明治以来手馴れた手法なだけに、得意でもあり、やりやすかったとも言える。

この戦後日本の方程式を端的に表現したのが、所得倍増計画を打ち上げ、経済成長を担った池田勇人首相の言葉である。池田首相はこう言ったのだ。

「中小企業の一つや二つ潰れてもしようがない。貧乏人は麦飯を食え」

これは日本が経済に焦点を絞って復興を果たすためにはまったく正しいのだが、同時にまったく言葉足らずだった。そのために大変な物議を醸《かも》すことになった。

池田首相はこう言えばよかったのである。

「すべてが焼け野が原と化したいまの日本の現状では、残念だが、すべてバランスを取って満たしながら進んでいくことはできない。ある部分を犠牲にしてでもあるものを優先させて再建を急ぎ、そののちに遅れた部分の復興を図るというやり方をしなければならない。いまもっとも優先しなければならないのは国の基盤となる産業だ。まずこれを復興させなければならない。そのためには、これに合わない、あるいはついてこれない中小企業には潰れてもらわなければならない。国民全部が白いご飯を食べるというわけにはいかない。貧しい人には麦飯を食べてもらわなければならない。だが、我慢して私についてきて欲しい。そうすれば十年後には国民諸君の所得は倍増しているはずだ」

池田首相はこのとおりのことをやった。鉄鋼や造船など特定の産業に優先的に集中投資し、それをテコに日本経済を構築していったのである。その結果、国民の所得は十年後と言わず、六年半で倍増したのである。

国の課題、要請をなによりも優先させる。明治以来のこの日本お得意の手法は、もっと具体的に言うと、大企業が日本経済をリードするための設計図を役所が書き、それに沿って全体が動くというものである。このやり方を仮に日の丸方程式と命名しておこう。

日の丸方程式で命拾いしたアサヒ

一九四五年に戦いに敗れて、一九九一年にソ連邦が崩壊するまでの期間、わが国は自由主義経済を唱えていたが、実質は社会主義的計画経済であった。さらに表現を変えれば、国家総動員法をかけたような異様な世界であった。それができたのは、すでに論じたように、わが国の地政学的優勢さがあったからだ。もっとわかりやすく言えば、冷戦構造で世界が米ソ両陣営に分かれて対立するなか、ちょうどその狭間に横たわっていた地政学的優勢さが考えもしない神風をもたらしたのだ。つまり、日本列島は自由陣営の共産圏に対する最前線の砦の役割を担っていたわけだ。

偉大なる政治家が近隣諸国を動かして自国を優勢な位置に置くことがある。歴史をひもとけば、たくさんの先例が見つかる。だから「地政学的」と呼ぶのだ。吉田茂首相は偉大な外交官ではあったが、日本の地政学的優勢さは彼の演出したものではない。やはりこの国は「神の国」と呼びたい。

戦後われわれは食べるに食なく、着るに衣ないところから立ち上がってきた。流した汗もしたたかではあった。しかし日本人の流した汗のすべてよりも、この地政学的優勢さが戦後の富の構築に資した力ははるかに大きかった。そのしたたかに吹きまくっていた神風のさなかにアサヒの転落の詩集が綴られていたのだ。これまた神の恵みであり好運であった。すべての日本人にこの認識を持ってもらわないかぎり、二十一世紀の強い日本が生まれてこない。

すべに述べたように、私の会社の前身は大日本麦酒《ビール》㈱といい、この国のビールの七五パーセントのシェアを持っていた。占領政策によって昭和二十四年九月一日、アサヒ、サッポロに二分割され、三六・一パーセントからスタートした。私が営業本部長に就任した頃はなんと九・六パーセントにまで転落していた。これはすなわちビール業界の限界企業に転落していたということだ。潰れるときはビール業界で真っ先に潰れることを意味していた。別の表現を借りると、価格決定能力のもっとも乏しい企業だったのだ。

ところが、しばしばアサヒは業界のトップを切って値上げを世に問うた。私の頃だけでも三回も値上げさせていただいた。自由競争の世の中に力のない者が値上げの先陣を切るなどということはありえない。アサヒを監督する立場にあった国家が、大蔵省が、国税庁が価格変更の権力を握っていたからこそなしえたことなのだ。言い方を換えれば、その業界の最も成績の悪い会社が潰れない構図であったのだ。

この日の丸方程式はアサヒにとって神風となった。それがあったからこそアサヒは倒産を免れたと言ってもいいほどだ。

銀行の貸出機能の劣化

ところで、この日の丸方程式を円滑に回転させていくためには核になるものがある。金融である。役所が描いた設計図通りに資金が流れるためには、金融機関はすべからく役所にとっていい子、優等生であってもらわなくてはならない。

そこで政府と行政は金融機関を優遇し、かつ保護した。金融機関は絶対にひとつも潰さない、その代わり草深い田舎の信用組合からビッグな都市銀行まで金融機関と名がつくものはすべて横並び、政府行政の方針には従ってもらう、というやり方である。これを護送船団方式という。

だから、戦後の日本金融界のあり方は、大蔵省が本社で各銀行はその支社か支店というのが率直なところだった。それを端的に示すのが各銀行の大蔵省を担当する行員である。彼らはＭＯＦ担と呼ばれた。アサヒの社長をされた樋口廣太郎さんも住友銀行のＭＯＦ担であった。

ＭＯＦ担は大蔵省に詰め、情報を取るのが仕事である。ＭＯＦ担は大蔵省の金融行政方針をいち早く察知して、情報を銀行にもたらす。銀行はその情報に基づいて大蔵省の方針に対応できる体制を整える。つまり、ＭＯＦ担は銀行運営の要にいるわけである。だから、ＭＯＦ担になることは銀行の出世コースに乗ることでもあった。

まあ、出世コースはともかくとして、産業の国有化を図る社会主義の国ならいざ知らず、自由経済における金融機関のあり方としては、随分おかしな話である。これでは実質上の社会主義ではないか。金融機関は自分の判断で自由裁量することとどまったくなく、したがって金融機関同士の競争もなく、ただただ政府行政の方針に従っていれば潰れる心配もない。こんな金融のあり方は、自由経済を標榜《ひょうぼう》する国で日本だけだった。

こんな変則的なあり方が自由主義経済圏の国際社会で容認されていたのは、ほかでもない、日本の地政学的優勢さによる。

日本は極東地域で共産圏と直接向かい合う地政学的に優位な位置にある。その日本が復興し、基盤を確立することは、アメリカを中心とした自由主義圏にとって急務だった。だから、自由主義世界は日本の変則的な商業活動を容認していたのである。

日本はこの日の丸方程式によって奇跡的な復興を果たし、アメリカに次ぐ世界第二位の経済大国に成長した。日の丸方程式は間違ってはいなかったのである。ただひとつ、大きな問題が残った。

戦後五十年、この日の丸方程式という変則は続いた。すでに述べたが、ヨーロッパの人たちは、これを「エコノミック・アニマル」とののしった。それに対し、日本を占領していたアメリカは、日本の異常さを認識しつつも、この日本はわれわれ自由主義陣営の共産圏に対する最前線の砦のような役割を担う国だから大目に見てほしいとヨーロッパをなだめていた。日の丸方程式は経済復興を果たすための一時的な方便であって、目的が成った暁には世界共通のルールに復帰しなければならない、という自覚をわれわれは持ち続けるべきだった。だが、人間は惰性に流されやすい動物である。日の丸方程式は一時的な変則であるという自覚を忘れ、忘れていることにさえ気づかない状態に陥っていたのだ。

それは銀行の態度によく現れている。考えてみれば、銀行が扱う金は国民から集めたものである。ところが、銀行は一行も潰さないという大蔵省の方針を背景にしているものだから、国民から集めた金を天与のもの、あるいは自分のものと錯覚してしまったらしい。銀行は貸出先の民間企業に対して、実に尊大に振る舞った。それはさながら、将軍家の威光を背景にした封建大名が支配する民衆に対するがごとくだった。融資を受ける立場の成績の悪い民間企業にいた私などには、このことは身に沁みている。

しかし、この惰性のなかで大きく口を開けた欠陥は、やがて露呈することになる。経済成長に伴い、日本の証券市場も成熟してくる。産業資本がコストの安い証券市場から直接資金を調達するようになっていくのは当然である。すると、銀行は新たな貸出先を探さざるを得なくなる。そこで護送船団方式に守られた惰性のなかで口を開けていた欠陥が、否応なしに露呈することになるのだ。

その欠陥とは、貸出機能のどうしようもない劣化である。そりゃあそうだろう。

どうなろうと、大蔵省が支えてくれるから、銀行は潰れない。とすれば、産業の中身を分析し、有望な産業を掘り起こし育てていくなどといった苦労をする必要はない。値下がりした験《ため》しのない不動産を担保にとって貸し出していれば、なんの心配もないのである。こんな仕事を続けていたら、金融機関が本来備えるべき貸出機能が劣化して不思議はない。

実はこの時点で日の丸方程式の変則は打ち切り、金融機関の護送船団方式はやめにすべきだったのだ。だが、そこで起こる多少の混乱、いくらかの痛みを大蔵省は恐れ、手をこまねいた。この行政の怠慢と責任は大いに問われなければならない。

それはともかく、貸出機能を劣化させた銀行が怠慢に寝そべったまま新たに求めた貸出先は、ノンバンクなど本来貸すべからざるところだった。その結果引き起こされたのが、バブルである。そのバブルとエクイティーファイナンス、つまり資金の自己調達の途が開かれてきたのとが軌を一にしていた。

しかし、実体経済と遊離したバブル経済はいつまでも続くはずがない。遅かれ早かれ破綻《はたん》する。そして、そのとおりになった。

この舞台回しの急変と並行するように、世界ではベルリンの壁が崩壊し、米ソ対立の冷戦構造が消滅した。それは冷戦構造下での日本の地政学的優勢の意味が失われたことでもあった。もはや、日の丸方程式の変則が容認される条件はなくなったのである。日本は否応なしに世界のルールの下に立たなければならなくなったのだ。これがいま日本が遭遇している時代転換の実相である。それは明治維新、そして大東亜戦争の敗北に匹敵する激動と言えるだろう。

変革を図らなければならないのは当然である。でなければ、国は滅びてしまうだろう。

新しいアクションを

転換を図らなければならないのは、金融界のみではない。財界また然りである。財界は経団連方式と称して、銀行業界からいくら、鉄鋼業界からいくら、電機業界からいくらと寄付金を割り当て、それをたっぷり政権政党に注ぎ込み、己の産業に有利な水を引くというやり方をしてきた。世界的ルールはそっちのけで、まともな国際的つきあいもせずに、である。

それが許されたのも、護送船団方式に守られた金融界と同じである。米ソ対立の冷戦という状況下で自由主義陣営擁護のために日本を安定した国家にしなければならないという国際的要請と、産業立国によって国家基盤を揺るぎないものにしなければならないという国家的課題、それにフィットしていたからである。

だが、冷戦構造は消滅した。世界第二位の経済大国となって産業立国は確立した。つまりオールジャパン、国家を挙げてカネを稼ぐ日の丸方程式が容認される条件はなくなったのである。これが時代転換と言われるものの中身である。

時代転換の様相がはっきりした形で具体的に現れたのは、バブル崩壊後のデフレ不況だった。

ところで、大東亜戦争の敗北という思いもよらぬ事態に直面したとき、日本人は呆然となり自失して、日本の精神を骨抜きにするという占領政策のなすがままに洗脳されてしまったことは、先に述べた。バブル崩壊後、これと同じ現象が現れた。

日本の経済的パワーが衰退する現実を前に、日本人は呆然自失してしまったのだ。それがいわゆる「失われた十年」である。

大東亜戦争の敗北に際しては、米ソ対立の冷戦構造という状況を生かし、産業立国をテコに日の丸方程式という異常なやり方で、日本は経済的に復活した。ただこの復活は物質に偏し、日本を日本たらしめている精神を置き去りにしてしまったうらみは拭いきれない。だが、とにもかくにも復活は果たした。

いまはどうか。このままではジリ貧に陥るだけであることは目に見えている。もう一度復活を目指さなければならない。そしてその復活は、物質に偏せず、精神をも含めた復活でなければならない。

いまこそ日本は新しいアクションを起こすべきときにきているのだ。それが改革ということなのである。

歴史に学ぶ

年寄りは退くべし

いま、日本は新しいアクションを起こさなければならない。では、なにをすべきか。

そこで私は提唱したい。まず、私のような年寄りは第一線から潔く身を引くのである。役所から民間企業や外郭団体に天下る。あるいは、企業グループの親会社から子会社に横滑りする。そういうことをやめる。二十一世紀に向かう日本の新しいアクションを、まずそこから始めようではないか、と言いたいのである。といきなり言っても、なんのことやらと思われそうである。順序を追って述べていくことにしよう。

私は先に、転換し舞台が変わった新しい時代というのは、一人ひとりの新しいものの見方、考え方、つまり新しい生き方が求められるのだと述べた。しかし、なにもないところに新しい生き方が出てくるはずはない。指針がなければならない。どんなに新しいものでもなにがしかの指針を拠り所にして確立されるものなのだ。指針はどこにあるのか。歴史である。歴史こそ指針の宝庫である。歴史のなかに不変の原理を探り出し、それを指針にして新しい生き方を確立していかなければならない。

だから、時代の転換期こそ、とりわけ歴史に学ばなければならないのだ。

さて、いまわれわれが学ばなければならない歴史とはなんだろうか。やはり、日本に近代を招来した明治維新にとどめを刺すと思う。

明治維新の原動力となったのは若い力である。若くたくましいプロモーターが数多く輩出して時代を牽引したからこそ、日本の近代化は成ったのだ。あの時代を大名諸侯などの古い層が担ったとしたら、改革は中途半端に終わって、のちに日本が五大強国に列するような形には決してならなかったろう。大名も、社会の最上層を任じていた武士も、悉《ことごと》く野に下った。今様に言えば、完全失業したのだ。

そこで、戦後の復興と驚異的な経済成長にも思いが及ぶ。これを担ったのも若い力だったことに気づくのである。

もっとも、明治維新のときとは中身がいささか異なる。明治維新では若い力が自らマグマとなって噴き出し、暴れ回って時代の舞台をつくり上げていった。戦後は若い力が自ら噴き出したというのではない。結果としてそうなったのだ。

戦争で社会の中堅を担う有為《ゆうい》な層が数多く失われた。指導層はマッカーサーの追放令によって、不本意ながら前面から退かなければならなかった。一流企業の常務以上はすべて追放されたのだ。その結果、上層がなくなって、好むと好まざるとにかかわらず、若い力が前面に出なければならないような状況となった。そこが明治維新とは大いに異なるが、妙に風通しのいい環境ができ上がった。それが若い力の活躍の場を広げ、復興と成長の原動力になったことは確かである。戦後、住友銀行を長くリードした堀田庄三氏や野村證券の基礎をつくり発展に導いた奥村綱雄氏など皆、当時は四十代の支店長クラスであった。

新しい時代の舞台づくりは若い力に担わせなければならない。これは歴史が指し示す原理である。

また、若い力を前面に押し出し新しい時代の舞台をつくるには、コストがともなう。言い換えれば犠牲である。

明治維新では多くの有為の志士が命を散らした。大東亜戦争でも惜しむべき多くの才能が失われた。

では、いま犠牲になるべきは誰か。それはわれわれ年寄りである、と私は言いたいのである。

成功体験という難物

私に前後する世代は戦後の経済成長を第一線で担った層である。それだけに成功体験を備えている層でもある。

成功体験は貴重である。そこには学ぶべきものも多い。しかし、この成功体験というやつは同時に、なかなかの難物であり、曲者《くせもの》であることを知らなければならない。

というのは、われわれの世代の成功体験は日の丸方程式がまかり通っていたという条件下でのものであるということである。その自覚の上に立っているなら、さして問題はない。

ところが、なかなかそうはいかないのである。私はこれまで、己の成功体験を披《ひ》瀝《れき》した本をいくつか読み、またたくさんのお話を聞いてきた。その経験から言うと、その成功はどのような条件下でのものかを十分に認識し、咀嚼し、把握している例はそんなに多くはなかった、と言わなければならない。むしろ、己の成功体験を絶対的な成功の原理、どんな条件のもとでも誰にでも通用する普遍性のあるものととらえているのがほとんどだった。

自分の体験こそ絶対的な成功の原理、成功するための金科玉条《きんかぎょくじょう》と考えることを、成功体験に寄りかかるという。自分の成功体験に寄りかかっている人が続けて企業経営の任にあたったとしたらどうなるか。条件が変化したのも環境が変わったのも無視して、あるいは気づかず、以前と同じ手法をとることになる。結果はうまくいくはずがない。

最近、かつて大きく成長した会社が行き詰まりを見せている例を散見する。そのなかには過去の成功体験に寄りかかり過ぎているケースもいくつか見られるようである。

成功体験に寄りかかると、必ず落とし穴に落ち込む。時代転換の大きな波を感知できなくなってしまうのだ。まず、例外はない。

感度の鈍くなった者が第一線にいると、どうなるか。それは若い人たちが伸び伸びと力を発揮するのを妨げる働きしかしない。これが老害といわれるやつである。かつて成功を収めた年寄りが、その成功体験を大いに押し出して依然トップに君臨し、だが行き詰まっている会社を見ると、その下で働く人たちは力を発揮しようにもその余地がなく、いろいろと苦労しているのだろうな、と同情を禁じ得ない。

もちろん、老いてなお瑞々しい感性を備え、過去の成功体験に寄りかかることなく、日々新たな見解を打ち出して、第一線に立っておられる方もいる。だが、そういう方は例外と考えるべきである。

われわれ年寄りは、ともすれば感度が落ちがちだと自覚するのが順当と言うべきであろう。この自覚に立って、たとえまだ力があるという実感があったとしても、新しい時代を切り開くために、若い力を存分に発揮してもらうために、われわれ年寄りは犠牲になって（というよりは積極的に）身を引きましょう、と提案したいのである。

なかには、あと一期務めればこの表彰が受けられる、あの勲章がもらえるということでポストにしがみついている人も結構いるのである。まさに時代変化の大きな波を感知できなくなった姿である。

車の両輪としての老人と若者

では、新しい時代に過去の成功体験は無駄なのだろうか。もしそう考える人がいたとしたら、それこそ短絡《たんらく》というものである。

私は、成功体験を持つ年寄りはどうしても己の成功体験に寄りかかりがちだから、ここはひとつ、年寄りが新しい時代の犠牲になって潔く退きましょうと提案した。問題はこの提案を受けて、若い層がどう対処するかである。

邪魔な年寄り連中がいなくなった。やれやれ、頭のつかえがなくなった。これで自分たちの思い通りにことが運べる。それだけのことで終わったら、決して日本の復活はならないだろう。年寄りの潔い犠牲も無駄骨、犬死になってしまうだけである。

私は成功体験に寄りかかることを戒めた。だが、いけないのは寄りかかることであって、成功体験そのものではない。いや、過去の成功体験はあとに続く若者にとって学ぶべきものの宝庫であることを知らなければならない。

時代が変われば状況が変わる。環境が変わる。条件が変わる。だから当然、過去には通用したものがいまは通用しない、過去にはできたがいまは不可能だというものが出てくる。そういうものを選り分けていくと、時代がどのようになろうとも、これがなければ絶対に成功しないというものが浮かび上がってくる。それこそが成功の原理、不変の真理である。

過去の成功体験を選り分け、そのなかから原理、真理を見出し、それを新しい営為に取り込んでいく。それが歴史に学ぶ、先人の成功体験に学ぶということなのである。

明治維新は若い層が時代の表面に踊り出ることによって成し遂げられた、戦後の復興と驚異的な経済成長は上の層が追放されていなくなり、風通しがよくなったことによって可能になったと述べた。

だが、明治維新も戦後の経済復興も、その時期を担った若い層が勝手にやりたいことをやったから成功したのではない。若い層が必死に歴史を学び、そこから原理、原則をつかみ出して新しい時代に生かしたからこそ、事は成ったのだ。

明治維新の志士たちがどれほど深く歴史を学び、そこから日本を日本たらしめている真髄をつかみ出し、それを近代に適合する国体のあり方に生かしていったかは、いまさら私が詳述するまでもないだろう。

戦後の経済復興もそうである。具体的な手本となったのは日清日露の戦いの後、日本はいかにして世界の五大強国に列することになったかの過程である。日本は日露戦争ではイギリスと同盟関係を結び、第一次大戦では連合国側に与《くみ》した。国際関係では手を結ぶ相手を間違えなかったということである。そして富国強兵という明快な目標を掲げ、その手段として殖産興業に励んだ。戦後の日本はこれに学んだのである。

国際関係では自由主義陣営に属するというスタンスを揺るがせにしなかった。ただ、過去と違っていたのは占領下という条件である。この条件によって強兵は禁じられたからそれは捨て、富国に焦点を絞って基幹産業の育成に励んだ。

日本が二十一世紀という新しい時代に再生していくためには、この時代を担う若い層に歴史に学ぶという姿勢が強く求められるのである。教材には事欠かない。明治維新の成功も依然として現代に生きている。戦後の経済復興と高度成長のなかにもこれからに生かすべき教訓が山積みになっている。

私は先に、年寄りは潔く引退をと述べた。しかし、年寄りの引退はそれだけではは生きない。若い層が過去に学ぶ、歴史から教訓を汲み取る姿勢がなくては生きてこない。

年寄りが潔く退くことと若い層の歴史に学ぶ姿勢。日本の再生にはこの二つが車の両輪にならなければならない。そうなったとき、過去の成功体験は寄りかかるのではなく、生かされることになるだろう。生かされる教材を提供する。そこに退いた老人にも大久保彦左衛門的な役割が出てこようというものである。

日本再生の鍵

愛国心の喚起

明治時代、日本の近代の夜明けを担った人たちには強烈な愛国心があった。その根源となったのは、ほかでもない、この日本は自分たちがつくったという実感である。

幕藩体制から近代国家に脱皮するために奔走し、汗を流し、血を流したという実感。そこには手づくりの品物を慈しむような感覚があったに違いない。

戦後の復興を担った人たちにも、先人から継承した愛国心が脈打っていた。だからこそ、経済に焦点を定め、犠牲を覚悟で基幹産業の育成に専心し、そこから国を建て直していくという方策を、いささかの迷いもなく採用することができたのだ。

しかし、戦後は占領下に置かれ主権がなかったという枠があったことは、大きな問題として考えておかなければならない。その上に日本の精神を骨抜きにすることによって「カルタゴの平和」を完成するという占領軍の巧妙な占領政策がかぶさってきた。このことは日本が自分たちの国であるという実感を持ちにくくした。

アメリカから民主主義を与えられた。戦後の枠組みとなった財閥解体をはじめとする経済改革も、六三制や男女共学を柱とする教育改革も、自作農育成を狙う農地改革も、なによりも国の根幹である憲法も、みんなアメリカからいただいたという感覚が抜き難い。

ちなみに私は田舎の素封家《そほうか》と言われる地主の二男坊である。私の名義の田圃《たんぼ》は畔《あぜ》道《みち》の豆代ぐらいで解放されていった。残念に思い、また無念とは思ったが、これも時の流れ、と誰をもうらまなかった。アメリカに抗する術はなにもなく、諦めるしかなかったのだ。

自分たちが血を流し、汗を流してこの国をつくったという実感がいまの日本人に希薄なのは、このような感覚が根っこにあるからだ。

その結果がいま顕著な形になって現れている。それは愛国心の希薄さ、あるいは欠如である。これは実に大きな問題である。

戦後のこの愛国心の欠如を如実に示すのが、たとえば左翼勢力のさまざまな運動である。それは表向きに掲げるスローガンはともかく、実態は日本をよくするためではなく、ソ連や中国など共産主義を国是とする勢力に利するためのものだった。

また、そういう左翼勢力の動きがあたかも大きな人類愛に立った正義であるかのごとく見なされ、それなりに大きな力を持ち得たのは、日本のためという視点が徹底して欠けていたからにほかならない。

日本のためということは自分が住む土地、郷土、そこに住む親きょうだい、はらから、友人知人のためということである。その視点で物事をとらえ、行動することは、当然のように思える。誰に教えられなくても、自然にそうなるような気がする。

だが、そこに自分とのつながりが実感できないと、意外にそうはならないのだ。

この日本、自分が毎日呼吸し、動き回っているこの空間、そして日常のなかで触れ合う肉親や友人知人、それらと自分が臍《へそ》の緒のようなものでつながっているという感覚、これがいま非常に薄くなっている。細くなっている。同胞などという表現は死語になったのではないか。拉致問題でようやく「祖国」などという表現が戻ってきたのではなかろうか。それは日本人の愛国心が欠如していることにほかならない。

二十一世紀に向かって日本を再生していくためには、これを克服し、愛国心を喚起していくことが第一歩になる。

そのためにも歴史は学ばれなければならない。

最後に残るもの、精神

ところがいま、愛国心などというと、さも時代遅れで右翼的な表現のように受け取る風潮ないし空気のようなものがある。世はグローバリゼーションの時代だ、世界はどんどん国境が低くなっている、そんなときに一国主義に固まる愛国心などは時代錯誤だというわけである。偏狭なナショナリズムとさえ批判される。

与党の中にも、教育基本法審議の過程で「愛国心」との表示に疑義を感じ、「国を愛する心」と表現を変えるという児戯《じぎ》に等しいようなことが行われているのが現実である。

なるほど、世界を見渡せば確かに国境が低くなっている。そして、評論家や学者といった人種はEUの動きを例に出す。確かにヨーロッパはEUを結成し、その規模は二十五か国までに拡大した。人口四億五千万人を擁するこの地域が通貨を統合し経済的にまとまるのは、見逃せない動向である。

経済は経済に終わらず、政治にも及んでいくのが原則である。たとえば中国である。中国は開放経済をとることによって、いま大変な経済成長を示し、世界経済に大きな影響力を持つ大国になろうとしている。だが政治は、依然として共産党一党独裁の社会主義体制を維持している。

しかし、開放経済というのは社会主義の統制経済を放棄して自由主義経済に転換したということにほかならない。その上に社会主義の政治がおおいかぶさっているというのは大きな矛盾である。このままの形で推移し、経済大国に成りおおせるということはあり得ない。現にさまざまな場面で民主化の要求が噴き出している。さまざまな民主化要求を共産党の強権で押さえ込んでいるのがいまの中国の現状だが、このままでは終わるわけがない。押さえ込まれた民主化要求を、火が噴く前に政治的にいかに吸収し、経済と同様に政治を自由主義の土壌にどう軟着陸させるかが、遅かれ早かれ中国の課題になってくるのは明らかなのだ。

中国の目をおおうような排日《はいにち》、侮日《ぶにち》の教育は、この国内の矛盾のはけ口に利用されている節がある。十四億の国民のベクトルを合わせるために兵法の「近きに敵を設定《つくる》する」を活かしているのではなかろうか。

EUも同じである。経済の統合は経済だけでは終わらない。必ず政治に及んでくる。現にEU域内の大国であるドイツとフランスの間に、政治的なテーマで共同歩調の兆《きざ》しが現れている。アメリカのイラク政策に対する独仏両国の対応がその典型例である。

独仏両国と言えば、歴史的には仇敵《きゅうてき》の間柄である。ヨーロッパ史をひもとけばすぐにわかることだが、この二つの国は敵味方に対立して戦争ばかりしてきたと言っていい。それが経済的に統合すれば、政治的にも同じ力学が働く。

では、経済的に統合し、政治的に統合すれば国境は消え、国はなくなるのかというと、決してそうはならない。そこが国というものの奥深く味わい深いところなのである。

たとえ経済的に統合し、政治的に統合したとしても、国は消えない。経済的政治的国境はどんどん低くはなるが、どうしても統合し得ないものが残るからである。

それは文化、つまり精神である。

統合と分離の力学

ベルリンの壁が崩壊した後でなにが起こったか。

ソ連邦が瓦解《がかい》すると、次に起こったのは連邦を構成していた国々の独立である。それまではソ連というひと括りで理解していたが、おや、こんな国があったのかと思うような国も独立の名乗りを上げた。

経済的な側面からいえば、連邦のようなまとまりに固まってできるだけ大きな規模を確保していたほうが有利なのである。規模が大きいということはマーケットが大きいということである。それだけでも活発な経済活動が望めるし、産業の多様化も容易で、補完関係も成り立ちやすい。それだけ経済には有利である。

もっとも、ソ連時代は盟主のロシアに頭を押さえられ、盟主に奉仕するように構成されて、連邦を構成する各国の自立性が失われたという問題があった。ソ連崩壊後の分離独立の動きにはその反動ということもあったろう。

だが、対等の立場で分離独立するならば、連邦の枠内にとどまっていたほうが有利である。それを承知で連邦の枠を離れたのは、ほかでもない、その国をその国たらしめているもの、歴史に培われた伝統的な文化、精神がより大事だったからにほかならない。

ＥＵ統合の動きに目を奪われて、世界は国境の垣根を取り払っている、世界はひとつになろうとしている、それが二十一世紀のベクトルだなどと断ずるのは早計というものである。

ソ連だけにかぎらない。ソ連の衛星国に置かれていたチェコスロバキアも、その桎梏《しっこく》から自由になると、たちまちチェコとスロバキアに分離してしまった。ユーゴスラビアに至っては、ユーゴを構成していた七つの共和国に見事に分離し、独立してしまったではないか。

経済的優勢を確保しようとして、さらには政治的に有利な立場を求めて、統合の力学が働く。だが、その力学の延長上に地球がひとつになり、世界国家が誕生するなどということは決してあり得ない。その一方には、民族の文化、精神を確立し、守ろうとして、かぎりなく分離独立していこうという力学が働くからだ。

統合と分離独立。この相反する力学のもとで揺れ動いていく。それが二十一世紀の世界の姿だと私は思っている。

国なき民の悲劇

文化や精神というと、日本ではどうも抽象的なものとして受け取られがちである。だが、そうではない。

日本は二千有余年、この大八島でほぼ均質な文化を持った人間がひとつのまとまりを構成し、他から侵されることなく過ごしてきた。まあ、大東亜戦争に敗れ占領下に置かれたことはあったが、文化的なまとまりが失われることはなかった。これは世界的に見て稀有なことで、大変幸福なことなのである。

だが、幸福すぎて恵まれているものに鈍感になってしまっている。その現れが現在の愛国心の希薄さ、あるいは欠如なのである。

世界には文化を失い、その拠点となる国土を失う、つまり国なき民がいくらでもいるのである。そして世界は、国なき民の悲惨さを身近に見ている。だからこそ、国への執着、愛国心は強烈なのだ。

いま、世界にはさまざまな紛争地域がある。その要因はさまざまだが、多くは国なき民の悲劇が噴出しているのである。

ヨーロッパではフランスとスペインの国境地帯であるピレネー山脈のあたりにバスク人が住んでいる。彼らは多くはスペインに、一部がフランスに属しているが、分離独立を求めて爆弾テロなどを起こしている。ひとつの文化を持った民がまとまり得ないのが不幸であり、苦痛だからだ。イギリスにはいまは下火になり一応平穏になっているが、北アイルランドの根強い分離の欲求がくすぶっている。

ユダヤ人は長いこと国なき民だった。そのためのユダヤ民族の苦難はいまさら述べるまでもない。そしてついにイスラエルを建国した。だが、それは無人の土地に建国したわけではない。パレスチナ人が住んでいた土地に割り込んだのである。そのための紛糾は、いまや世界の頭痛の種になっているほどだ。

ほかにもトルコとイラクにまたがって住むクルド人、さらに言えば中国のチベット人や新疆《しんきょう》ウイグル自治区のウイグル人、西アジアのアルメニア人など、国なき民の悲惨は世界中にくすぶっている。国なき民は決して幸福ではないのだ。

わらわれ日本人は身近に国なき民の悲劇を見聞する機会がほとんどない。だから、のほほんとしていられるのである。これは幸福なことだが、しかし、鈍感になってはならない。日本も世界に働く力学の圏外に立つものではない。いつ国なき民の境涯に落ちるかわかったものではないのだ。

日本国民の僅かであるが、戦前、志高く大きな夢を描いて満州に渡った人たちがいた。政府も夢の大陸と移民をすすめていた。だが、そこで昭和二十年八月の終戦を迎えた人たちは、いくら叫んでも泣いても、満州国という国家を救うことはできなかった。中国残留孤児がその生き証人である。この国家破滅の歴史を忘れないために、私は中国残留孤児支援協会の会長を続けているのだ。

このような悲劇を繰り返さないためにどうすべきかは明快である。日本ならではの文化を強く愛し、日本を日本たらしめている精神を強固にする、つまり愛国心を涵養する以外にはない。

その点でわれわれ老人はまだまだ役に立てる。役に立たなくてはならない。そこにこそ、潔く退いたのちの老人の役割があるのである。

愛国心についてはつけ加えておかなくてはならないことがある。愛国心が外に向かって働くときは、ともすれば排他的になりがちである。だが、それこそ時代遅れの愛国心、偏狭なナショナリズムと言うべきである。

二十一世紀の愛国心は、自分の国が持つ文化への深い理解と強烈な愛着であると同時に、他の愛国心を認め、受け入れるものでなくてはならない。それが統合と分離の力学が強烈に働くこれからの、あるべき愛国心のあり方ではないかと思う。

エピローグ　わが友よ、大いに学び、世の中に向かって声を上げよう

私は読書好きである。若いころから読み続け、いまでも月に五、六冊は読んでいる。

だが、時間を取って読書にあてるといったことは、これまで一度もない。学生の頃はともかく、社会に出てからはそもそもそんな時間があった験しがない。現役の頃はビールの売り込みに東奔西走で、席が暖まる暇もなかった。第一線を退いても同じことである。現役のころのように銀座を飲み回る分がなくなっただけゆとりができてもよさそうだが、そんなことはない。やはり年並みに動作が鈍くなっている

のだろう、なにをするにも時間がかかるようになっているらしく、改めて読書の時間を取るようなゆとりがないのは相変わらずである。

では、いつ、どこで読むのか。いつでも、どこでも、である。

そんななかで比較的まとまった時間が取れるのは、移動の列車や航空機のなかである。現役時代は出張となると、本が読める行き帰りの列車が楽しみだったほどだ。その習慣がすっかり身について、列車や航空機の座席は私にとって最高の読書室になっている。

だが、困ったこともある。どうも私は集中しやすい質であるらしい。なにかひとつのことに集中すると、周りのものはすべて消えて、対象となるもののなかに没入してしまうのだ。

あれは信州の生まれ故郷で暮らしていた小学生の頃だった。生家で祝儀があった。田舎のことである。祝儀にはかなり力の入った引き出物がつく。ところが、なにか都合があったのだろう。その祝儀に出席できない親戚があった。そこで私がその親戚に引き出物を届ける役を仰せつかった。

親戚の家に行くにはバスに乗らなければならない。乗り物のなかで本を開くのはその頃からの習慣だったらしく、私は座席を占めるとすぐに本を開いた。なんの本だったかは忘れたが、たちまち夢中になった。

それでも降りるバスの停留所は間違えなかった。バスを降りてからも道々本を読み続け、親戚の家にたどり着いた。

そこで私ははたと困ってしまった。どうして自分が親戚の家に来たのか、用件が思い出せないのである。手に持っているのは一冊の本だけ。引き出物はバスのなかに忘れてきてしまったのだが、そのことにさえ気づかない。不幸にもその引き出物は出てはこなかった。

本に熱中してしまうと、この調子である。これは大人になっても変わらなかった。だから、車中への忘れ物は数知れず、降りるべき駅の乗り越しは日常茶飯事といった感じで、この手の失敗談には事欠かない。

困ったことに、最近はさらにこの傾向に拍車がかかった感じである。認めたくはないが、生来の性向に老いの要素が加わったということかもしれない。

それでも決定的に取り返しのつかない事態に陥ったということはない。脱いだまま乗せてやってしまった上着はポケットの財布もそのままに終着駅にちゃんと到着しているし、駅の乗り越しもなんとか補いをつけて辻褄が合わさるし、どこで落したのか、あるいは忘れたのかも見当がつかない携帯電話は、見当違いの千葉県の安房鴨川駅の駅長さんが送り届けてくれる、といった具合である。ただし、このときは安房鴨川だけに「アホー」と言われ、「カモ」にされたような気分になった。

もっとも、取り返しのつかない事態にならないように、私が失態をやらかすたびに私の周辺にいる人たちはてんやわんやの大騒ぎをして補いをつけてくれるということもあったわけだが。

最近はその役目を秘書役を務める娘がもっぱら果たしてくれている。

たとえば、講演の依頼がくる。会場に行く交通手段、時間などの段取りはすべて娘がつけてくれる。だが、その段取りを口頭やメモにして伝えただけでは、私の場合は不十分である。

講演などの用事で出かけるとき、秘書たちは必ずひとつの紙袋を用意してくれる。

なかには講演の資料、チケットなど必要な一式が入っている。その紙袋の表には、何時何分〇〇駅、何番線ホーム、何時何分発の何号車乗車、何時何分××駅到着という具合に、スケジュールが大きな字で詳細に書いてある。私はこの紙袋ひとつを持ち、その表に書かれているスケジュールに従って動けば、つつがなく用事がこなせるというわけだ。

つまり秘書たちは私にとって極めて重要なジャイロコンパス（gyrocompass）なのだ。たまにあることだが、この紙袋を失うとその後の自分の行く先がまったく私にはわからない。「明日あると思うなあだ桜」ではないが、限られた能力は「いま」に集中する。

ところが、私の気質を飲み込んでいる秘書たちは、さらに駄目押しをする。車中で読書に熱中していると、携帯電話が鳴る。「お父さん、あと十分で××駅ですよ。降りる仕度をしてください」というわけである。これで万全である。

なにが万全か、と言う人がいるかもしれない。娘とはいえ、人に負担をかけるぐらいなら、たまには車中の読書をやめて、忘れ物をしないように、降りる駅を間違えないようにしたらどうだ、と言われそうである。

しかし、娘の負担はわかるが、これまで育ててやったのだ、それぐらいをする義理はあるだろうと、そこは横着に構え、私は車中の読書をやめる気にはなれない。

年を取るに従って、人間は新しい経験をする機会が少なくなってくる。これはどうしようもないことである。そういう年寄りにとって、読書に勝る学びの場はない。年が進めば進むほど、読書はかけがえのない学びなのだ。読書を放棄することは学びをやめることにほかならない。

そんな綺麗事でなくとも、読書の癖さえつけておけば、どんな暇なときがやってきても時間を持て余すなどということはありえない。現に私にとって新幹線など恰好の読書の場である。どんな長い旅でもまったく苦にならない。

私は前の章で諫言について述べた。世の中の諫め役になることこそ年寄りの役割だと述べた。だが、経験があるから、体験が豊富だからといって、それだけでは諫言はもちろん、世の中に向かってなにかを言う資格はない。常に学んで、自分の備える経験や知識を点検していく。その姿勢が世間に向かってなにかを言う資格になるのである。

最近の若者は本を読まないというのが定説になっている。それは事実なのだろう。そして大人は若者に、もっと本を読めと言う。

だが、そう言う大人はどうなのか。

企業経営者で見事な業績を上げた人、ひとつの会社で勝ち残りトップに上り詰めた人、官僚として成功した人、政治家でひとかどの事績を上げしかるべきポストについた人、そういう人で晩年を汚す人がしきりに目につく。情けないし、残念である。

彼らは人にすぐれた能力を備え、努力し、頑張り、成長し続けてきた人たちでもある。そういう人が晩年に醜態をさらすことになるのは、ほかでもない。ある時期から学ぶことをやめた、本を読まなくなった、それが原因に違いないと私は思っている。

いや、自分はずうっと読んでいる、という人もいるだろう。だが、読んでも己に照らし、己をチェックし、心の糧としていく読み方をしなかったのだ。それは確かなことだ。

若者が本を読もうと読むまいと、どうでもいいではないか。放っておこう。それよりもわれわれ年のいった者が本を読もう。学ぼう。それを土台にして世の中に向かって声を上げよう。なにかを言おう。大いに諫めよう。

少々堅い雑誌だが、人間学を説く『致知《ちち》』なる雑誌がある。この雑誌の読者に会うと、必ずと言っていいほど「私は『致知』の読者です」と言う。それほど読者自身がプライドを持っている雑誌である。その読者たちが集う木鶏《もっけい》クラブなる会が全国にある。よく読み、よく論じ、人間を磨いている。全国民の一割が木鶏クラブに参加するような日がきたら、間違いなくこの国は世界中から尊敬される国になっているであろう。

そうすれば自ずと、世の中はそこに従ってくるものだ。

著者略歴

中條高德（なかじょう・たかのり）

昭和２年長野県生まれ。陸軍士官学校（第60期）に学ぶ。終戦後、旧制松本高校（現・信州大学）を経て、27年学習院大学卒業。同年アサヒビール入社。50年取締役。常務取締役営業本部長として「アサヒスーパードライ」作戦による会社再生計画で大成功を収める。63年副社長に就任。平成２年アサヒビール飲料代表取締役会長を経て、10年にアサヒビール名誉顧問。現在、(社)日本国際青年文化協会会長、日本戦略研究フォーラム会長、英霊にこたえる会会長。著書に『立志の経営』『おじいちゃん戦争のことを教えて』『おじいちゃん日本のことを教えて』『子々孫々に語りつぎたい日本の歴史①②』『日本人の気概』（いずれも致知出版社）などがある。

おじいちゃんの「わが闘争」

平成十六年十月二十二日第一刷発行
平成二十三年九月二十二日第三刷発行

著者　中條高德
発行者　藤尾秀昭
発行所　致知出版社
〒150-0001東京都渋谷区神宮前四の二十四の九
TEL（〇三）三七九六―二一一一
印刷・製本　中央精版印刷

落丁・乱丁はお取替え致します。　（検印廃止）

ISBN978-4-88474-694-0 C0095
ホームページ　http://www.chichi.co.jp
Eメール　books@chichi.co.jp